Barbara Coudenhove-Kalergi (Hg.)

MEINE WURZELN SIND ANDERSWO

Österreichische Identitäten

GEGRÜNDET
1999

Barbara Coudenhove-Kalergi (Hg.)

MEINE WURZELN SIND ANDERSWO

Österreichische Identitäten

Czernin Verlag, Wien

Die Deutsche Bibliothek – CIP-Einheitsaufnahme
Coudenhove-Kalergi, Barbara (Hg.):
Meine Wurzeln sind anderswo. Österreichische Identitäten/
Barbara Coudenhove-Kalergi
Wien: Czernin Verlag, 2001
ISBN 3-7076-0110-2

© 2001 by Czernin Verlag GmbH, Wien
Art Direction: Bernhard Kerbl
Cover-Foto: Photonica/Kanzaki
Herstellung: Die Druckdenker GmbH, Wien
Druck: Druckerei Theiss GmbH, Wolfsberg
ISBN 3-7076-0110-2

Alle Rechte vorbehalten, auch der auszugsweisen Wiedergabe in Print- oder elektronischen Medien

Inhalt

Vorwort	7
ERHARD BUSEK: Abstammung allein kann es nicht sein	9
WOLFGANG PETRITSCH: Glainach – Eine Kindheit auf dem Lande	22
HELENE MAIMANN: Der Riss der Zeit	44
FRANZ KOESSLER: Heimat an der Grenze	54
IOAN HOLENDER: Wo der Baum zu wachsen anfing	62
PETER VUJICA: Steiermark, die fremde Heimat	65
VERENA KRAUSNEKER: Meine Sehnsucht ist anderswo	72
ADRIANA CZERNIN: Immer ein wenig anders	81
TOM APPLETON: Luftwurzeln	86
TEREZIJA STOISITS: Meine Wurzeln waren schon immer da	96
BARBARA RETT: Meine Mutter	105
LOJZE WIESER: Es ist nicht leicht, ein Österreicher zu sein	107
ARIEL MUZICANT: Vom Leben auf dem Koffer	129

MADELEINE PETROVIC: Vielfältige Wurzeln	140
RUTH WODAK: Fragmentierte Identitäten – Welcome to Vienna?	144
THADDAEUS ROPAC: Hatschek	150
JOSEPH CYRIL STOISITS/OLIVER LEHMANN: Wiener auf Widerruf	157
BARBARA COUDENHOVE-KALERGI: Der Traum von Prag	169
HIKMET KAYAHAN: Von Hydrokulturen und Blähton	180
PETER PAKESCH: Die Zweiteilung der Welt	188
AutorInnen-Biographien	192

Vorwort

Die Idee zu diesem Buch kam dem Verleger Hubertus Czernin aus Anlass einer etwas bizarren Auseinandersetzung zwischen Erhard Busek, dem österreichischen Regierungsbeauftragten für die EU-Erweiterung, und Jörg Haider, dem Landeshauptmann von Kärnten. Haider hatte gemeint, Busek sei offenbar deshalb so versessen darauf, die Tschechen in die Europäische Union zu bringen, weil er „von dort" stamme. Busek replizierte: Irrtum, seine Vorfahren stammten aus Hessen.

Die allermeisten Österreicher stammen von irgendwo anders. 1910 kam jeder vierte Wiener aus den böhmischen Ländern (damals freilich Inland), noch viel mehr waren die Kinder und Enkel von Zuwanderern. Heute ist jeder sechste Österreicher außerhalb der Landesgrenzen geboren, die 750.000 hier lebenden so genannten Mitbürger ohne österreichische Staatsbürgerschaft nicht gerechnet.

Wer sind alle diese Leute? Wie sehen sie die anderen, wie sehen sie sich selbst? Sind sie „echte" Österreicher? Was ist überhaupt ein „echter Österreicher"? Was ist es, das die berühmte österreichische Identität ausmacht, von der neuerdings so viel die Rede ist? Liegt sie in den Genen? In einem bestimmten Lebensgefühl? Gibt es „typisch österreichische" Charaktereigenschaften? Oder was ist es sonst?

Menschen, denen klein-österreichischer Provinzialismus zuwider ist, meinen manchmal, eben die Mischung aus vielerlei Völkern sei „typisch österreichisch". Sie denken an die Zeiten, als halb Mitteleuropa zu Österreich-Ungarn gehörte, und sehen in der neuen Zuwanderung eine Art Rückkehr zum Immer-schon-Dagewesenen. Ein echter Wiener, denken sie, ist jemand mit mindestens einer böhmischen Großmutter.

Da ist was dran – und auch wieder nicht. Wer die in diesem

Buch versammelten Geschichten von älteren und jüngeren Österreichern liest, deren Wurzeln anderswo liegen, kommt zu einem anderen Schluss. Es gibt keine typische österreichische Identität, auch nicht eine der Vielfalt. Es gibt nur Identitäten. Jede Lebensgeschichte ist anders.

Da ist die burgenländische Kroatin und der Kärntner Slowene, die als Kinder einer „Minderheit" angehörten, die heute nur noch sehr bedingt eine ist. Ihre Kindheitserinnerungen, obwohl sie noch nicht allzu lange zurückliegen, beschwören eine längst versunkene Welt herauf. Für ihre Kinder wird sie nur noch Geschichte sein. Da ist der serbischstämmige Steirer, der sich als Kind immer „nachhause" in die alte Heimat sehnte und eines Tages darauf kommt, dass „zuhause" nicht mehr zuhause ist, sondern die Fremde. Da ist das jüdische Wiener Kind mit der umgekehrten Erfahrung: Es hatte immer gemeint, in Wien zuhause zu sein, und merkt plötzlich, dass es als „anders" empfunden wird und sich nach einer anderen Identität umschauen muss. Und da ist der eingewanderte türkische Intellektuelle, der hört, er solle sich der christlich-abendländischen Kultur anpassen. Nur: Was ist das? Und da sind viele andere.

„Die Wurzel der Geschichte", schreibt Ernst Bloch im „Prinzip Hoffnung", „ist der die Gegebenheiten umbildende Mensch. Wenn er das Seine ohne Entäußerung und Entfremdung in realer Demokratie begründet, so entsteht in der Welt etwas, das allen in die Kindheit scheint und worin noch niemand war: Heimat."

Österreichische Autoren machen sich in diesem Buch über ihre Heimat Gedanken – die alte, die neue, die innere, die äußere, die ersehnte und erträumte und die, die vielleicht gar nicht existiert. Eine schlüssige These, die den Begriff „österreichische Identität" ein für alle Mal klärt, kann man daraus nicht ableiten. Nur so viel: Alle diese Leute sind Österreicher. Und alle leben in Österreich. Das muss genügen.

Barbara Coudenhove-Kalergi
Wien, im April 2001

Abstammung allein kann es nicht sein

VON ERHARD BUSEK

„Das, was man ist, wird man durch Paris."
Jean-Jacques Rousseau, Confessions

Natürlich sind die Ereignisse der Geschichte durch all die Zeiten nicht spurlos an unserer Stadt und unserem Land vorübergegangen. Sie haben tiefe Narben im Antlitz Wiens und Österreichs und in den Seelen ihrer Bewohner hinterlassen. Jeder von uns trägt seine Erfahrungen und die seiner Familie sein Leben lang mit. Ein Politiker hat mir das jüngst ins Bewusstsein gerufen, als er meine aus seiner Sicht evidente tschechische Abstammung als Grund dafür nannte, dass ich deswegen für die Erweiterung der EU durch unsere Nachbarn eintrete. Offensichtlich war damit eine „Ausbürgerung" aus Österreich und eine Verletzung unserer Interessen gemeint. Wie ist es wirklich?

Vielen wird es so gehen wie mir: Die Vorfahren sind von irgendwoher in das Zentrum des alten Reiches gekommen. Die einen, mütterlicherseits, sind schon seit mehr als zwei Jahrhunderten da, sie kamen aus dem bayrischen Raum und versuchten sich als Gewerbetreibende „am Grund", als bürgerliche Fragnermeister, bis sie schließlich im Baufach landeten. Sie waren allesamt gut katholisch. Bei den väterlichen Vorfahren verhielt es sich in vielerlei Hinsicht anders: Erst der Urgroßvater betrat diese Stadt, aus jenem Teil Schlesiens kommend, den Friedrich II. von Preußen Maria Theresia gelassen hatte. Der übertriebenen Neugier der Ahnenforscher des Dritten Reiches verdanke ich das Wissen, dass die Buseks eigentlich nicht so echt böhmisch sind, wie der Name klingt. Sie schrieben sich nämlich früher Buseck und stammen ursprünglich aus Hessen, aus dem Busecktal bei Gießen. Sie sind aus Religionsgründen – sie waren evangelisch – von dort unter die tolerantere Habsburgerkrone gekommen. Die österreichische Toleranz erzeugte eigenartige Konfessionssitten: Da die Männer der Familie Busek evangelisch waren und die Frauen aus dem katholischen Österreich kamen, wurden alle Söhne nach dem Augsburger Bekenntnis getauft, die Töchter aber folgten dem römischen Glauben der Mutter – ein praktisches Toleranzedikt gut österreichischer Prägung. Diese familiäre Erfahrung teile ich mit einem polnischen Politiker – Jerzy Buzek –, dessen Familie auch aus jener Stadt stammt, über die meine Ahnen nach Wien gekommen sind: Teschen, heute geteilt in Těšín (Tschechische Republik) und Cieszyn (Polen). Er ist evangelisch, seine Schwester katholisch – den gleichen Traditionen folgend. Wahrscheinlich sind wir entfernt verwandt. Schreibfehler in Geburtsurkunden sind durch Jahrhunderte selbstverständlich.

Erblicher Gleichklang bestand hingegen in beruflichen Fragen. Mein Urgroßonkel war Polier beim Rathausbau, der Urgroßvater baute das „Eisgrübl"-Haus hinter St. Peter, der Großvater stockte das Hotel Imperial auf, und mein Vater hat schließlich beim Erbauer der Lueger-Kirche, Max Hegele, gelernt. Und wenn alle Mitglieder der Familie zusammenkommen, dann gibt es immer eine schreckliche Fachsimpelei über Wandstärken, Grundaushübe, Eisenarmierungen, unverständliche Flächenwidmungen und sinnlose Vorschriften der Bauordnung. Denn sämtliche Nachkommen der Familie haben sich ebenfalls dem Bauen verschrieben, ich betrachte mich da nicht als Ausnahme, den schließlich möchte ich mit anderen gemeinsam an Wien weiterbauen.

Zu den Baudenkmälern dieser Stadt habe ich daher eine enge Verbindung, nicht nur der Vorfahren wegen, sondern auch aufgrund der beruflichen Erfahrung meines Vaters als Leiter der Bauabteilung beim Fürsten Liechtenstein. Hier habe ich in nächster Nähe miterlebt, was es heißt, historische Bausubstanz zu erhalten, Kriegseinwirkungen zu beseitigen und alte Mauern zu revitalisieren. Wer heute ein denkmalgeschütztes Haus hat, ist kein stolzer Besitzer und gedankenloser Nutznießer, sondern jemand, der ganz kräftig etwas dafür leisten muss, damit uns unsere eigene Geschichte erhalten bleibt.

Wie schwer das ist, zeigt ein Gang durch die Straßen und Gassen meiner Kindheit, durch Liechtenthal. So, wie es heute dort steht, in „aufgelockerter Bauweise" mit viel zu hohen Gemeindebauten, ist es längst nicht mehr jener Grund, der früher Anlass für Lieder und Gedichte war und Heimatgefühl vermittelte. Verloren steht die Pfarrkirche Ferdinand von Hohenbergs, des Erbauers der Gloriette, verloren steht auch das alte Pfarrhaus, das noch einen Hauch jenes Charakters hat, den „Liechtenthal" bis zum Ende der Fünfzigerjahre zeigte. Es soll damit nicht jenen einstöckigen Häusern das Wort geredet werden, die nicht über die notwendigen sanitären Anlagen verfügten und in denen das Wasser in den Mauern bis zum ersten Stock stand, statt aus der Leitung zu rinnen – Revitalisierung müsste ja keine brutale Neugestaltung sein. Aber die gewachsenen sozialen Strukturen dieses Viertels sind dahin. Die Menschen, die mit mir ihre Kindheit und Jugend dort verbracht haben, sind in andere Stadtgebiete ausgesiedelt, kommen aber heute noch öfter zusammen, um sich im alten Gesellenhaus, das inzwischen von der Kolpingfamilie renoviert wurde, an dieses Liechtenthal zu erinnern. Längst besteht auch das Haus „Zum blauen Einhorn" nicht mehr, das Heimito von Doderer liebevoll in seiner „Strudelhofstiege" beschreibt. Es hat einer Begradigung der Liechtensteinstraße weichen müssen. Offenbar zur Erinnerung wurde dort eine Ampel angebracht, die den Verkehr jetzt genauso behindert wie früher das vorgebaute Haus. Neu muss eben nicht immer besser sein. Aber prägend war das alles für mich.

Ich erinnere mich an meine Kindheit: Schon als Vierjähriger wurde ich darauf trainiert, die Warnsignale aus dem Radio zu erkennen, mit denen anfliegende Bomberverbände angekündigt wurden. Wie Momentaufnahmen stehen Bombentrichter vor mir, abgestürzte Flugzeugteile hinter dem Burgtheater und schließlich der Einmarsch der Russen. Sie hielten den 9. Bezirk bis Juli 1945 besetzt und zogen sich dann über die Friedensbrücke in den 20.

Bezirk zurück. Zehn Jahre lang war gerade diese Brücke kein Punkt des Friedens. Zuerst waren da die Sperren, dann die USIA-Läden drüben, die Produkte von Firmen aus „deutschem Eigentum" zu billigen Preisen marktschreierisch für die Bewohnern des 9. Bezirks anboten, die in der amerikanischen Zone lebten. Eine eigentümliche Internationalität, in der ich damals zuhause gewesen bin. Die Amerikaner trafen mit dem Zug aus Salzburg über die Donauuferbahn am Franz-Josefs-Bahnhof ein – ich glaube, er hat Mozart-Express geheißen – und überraschten die Kinder mit Kaugummi und der Tatsache, dass es auch schwarzhäutige Menschen unter den Soldaten gab. Schließlich kamen noch die Schweden dazu, die in der Galerie Liechtenstein – später sehr lange das „Bauzentrum" – den Sitz ihrer Hilfsaktion „Rädda barnen" (Rettet das Kind) aufschlugen. Wir können uns im Zeitalter des Überflusses kaum mehr an die damalige Not erinnern; nur Anekdoten sind mir hängengeblieben. Als im Jänner 1946 die Militär-LKWs der Schweden einrollten, wollten sie uns und den Mitbewohnern des Hauses überflüssigen Kakao zum Verfüttern an die Schweine übergeben. Es war selbstverständlich, dass wir uns selbst als Ersatz für die nicht vorhandenen Haustiere verstanden und dass dann allen übel wurde, weil der Verdauungsapparat der Hausbewohner den fettreichen Kakao nicht mehr gewöhnt war. Nachkriegszeit und Kriegsfolgen waren prägend für mich, in vielem wurzle ich in diesem Ambiente.

Aber die Wiener sind auch mit dieser Zeit fertig geworden und an den Wiederaufbau gegangen. Kaum erinnert man sich noch an die Lücken in den Häuserzeilen, die inzwischen längst geschlossen sind. Die Stadt wurde in relativ kurzer Zeit renoviert; die Entwicklung ging weiter. Nicht immer kam sie auch vorwärts: Fuhren wir als Zehnjährige noch mit der offenen 39er-Straßenbahn in die Krottenbachstraße zum Realgymnasium, so verkehrte zur Zeit der Matura bereits der moderne Großtriebwagen. Das Straßenbahnfahren ist seitdem schwieriger geworden. Heute sind phantasievolle Linien verschwunden – wie der F, der in einer abenteuerlichen Kurve von der Währingerstraße in den Ring einbog. Dabei erzählten die Eltern noch vom 15er, der durch die Lazarettgasse fuhr, und von anderen Linien, die der Vergangenheit angehören. Herzmanovsky wäre zu ergänzen: Es können nicht nur Eisenbahnzüge hinter Leoben, sondern auch Straßenbahnen in Wien versickern.

Wien ist mir in der Zeit meines Heranwachsens wie eine Landschaft vorgekommen. In der Volksschule haben wir noch die Teile des 9. Bezirks gelernt: Liechtenthal, Thurygrund, Rossau, Althan, Alservorstadt, Himmelpfortgrund und Michelbeuern. Ich fühlte mich als Liechtenthaler, obwohl ich ins „Ausland", in den Himmelpfortgrund, zur Volksschule ging; ich fühlte mich als Alsergrundler, obwohl ich in die Krottenbachstraße und später ins Döblinger Gymnasium fuhr. Es gab da ein Gefühl der näheren Heimat, das in den neuen Siedlungsgebieten vielfach nicht mehr aufkommen kann – wie lieblos werden heute neben alte Ortskerne in der Donaustadt oder im 23. Bezirk Neubauten gestellt! Anlässlich einer Kulturwanderung durch das alte Oberlaa konnte ich erkennen, dass das dort vorhandene Lokalbewusstsein den Neusiedlern ebenfalls ein Heimatgefühl bringen könnte, wenn es nur gemeinsam aktiviert würde. Mein Großvater war noch so stolz, auf Briefe den Namen seines Wohnhauses, „Erzgebirgerhof", zu schreiben, obwohl es nur ein hässlicher Häuserzwilling und er ein einfacher Mieter am Inneren Gürtel im 7. Bezirk gewesen ist. Namen geben wir neuen Häuser auch heute – die Gemeinschaft und das Lokalbewusstsein aber müssen wir erst nachliefern.

So bin ich in diese Stadt Stufe um Stufe hineingewachsen, vom Grund in den Bezirk, dann mit Studium und Beruf über die Grenzen hinaus in die Zentren des öffentlichen Lebens der Stadt, später durch meine politische Tätigkeit über die Stadt hinaus, dann wieder in sie hinein.

Das alles erwähne ich nicht, um nachzuweisen, dass ich ein Wiener bin. Der echte Wiener weist sich nicht durch Abstammung, Geburtsort und Aufenthaltsdauer aus, auch nicht durch eine bestimmte Färbung der Sprache und schon gar nicht durch einen elitären Stolz auf seine Kultur. Es ist vielmehr das Bewusstsein, hier zuhause zu sein und mit dem Zuhause auch leben zu wollen. Für mich als einen Wiener Bürger ist diese Stadt ein Credo geworden, ein Auftrag zu Lebensform und Gestaltung.

Das wirft aber auch die Frage auf, was man als seine Heimat betrachtet. Was sind die Einflüsse, die generell eine Rolle spielen, denn die Abstammung allein kann es nicht sein. Möglicherweise spielt sie auch gar nicht die Rolle, in der eine von einem rassistischen Denken beeinflusste Zeit sie gesehen hat. Ich bin nicht unbedingt ein Anhänger der Milieutheorie, es wird aber eine Mischung sein, die für uns alle eine Rolle spielt. Dabei sind positive wie negative Erfahrungen entscheidend. Ebenso ist es ein Entwicklungsprozess, denn man bleibt ja nicht derselbe, als der man geboren ist, denn die eigene Entwicklung, jene der Zeit und der Landschaft, in der man zuhause ist, oder die Landschaften, die man als Heimat dazu erwirbt, spielen eine ganz entscheidende Rolle.

Heimat ist zunächst einmal ein Gefühl, eine Sehnsucht der Menschen. Heimat – das ist das Sicherheit verbürgende Gefühl, sich auszukennen, im buchstäblichen und metaphorischen Sinn vertraut zu sein mit den Sitten und den Lebensstilen, den Symbolen und Verständigungszeichen, zu wissen, dass man mit vielen anderen in einer gemeinsamen Welt lebt, dass man die „Klänge der Heimat" wiedererkennt und sich an den Nuancen der Sprache orientieren kann. In der Heimat lebt man in vertrauten Räumen, die Identität geben, mit Bauten, die – weil man ihre Bedeutung kennt, die über ihre Funktion hinausgeht – zu einem sprechen, mit geliebten Speisen, die man immer schon gerne gegessen hat. Heimat geben aber vor allem Menschen. Menschen, mit denen wir Gefühle, Erfahrungen, Alltagshandlungen, das Leben teilen. Wenn wir das Gefühl des Gemeinsamen und Vertrauten im Leben verlieren, versteinern und erkalten wir. Die Einsamkeit lässt uns verstummen. Wir brauchen etwas, vieles sogar, das wir teilen können. Wir brauchen es fast so sehr wie die Atemluft. Erst das, was wir mit den anderen teilen, macht Heimat.

Heimat ist aber auch ein Gut, ein Wert. Am Schicksal der Flüchtlinge wird klar, dass Heimat nicht nur ein sentimentaler Begriff ist, der angeblich nichts mit Politik zu tun hat, sondern dass Heimat auch etwas Handfestes ist, ein Gut und auch ein Recht. Massenhafte Heimatverluste durch ethnische Säuberungen und regionale Kriege sind im Europa von heute wieder zu einer erschreckenden und beschämenden Wirklichkeit geworden. Die Heimatsuche und die Heimatfindung werden zu einem vielschichtigen friedenspolitischen, ökonomischen und menschlichen Problem.

Aus diesem leidvollen Prozess wird klar: Heimat muss gewährt werden. Heimat geben können aber nur jene, die sie auch für sich selbst suchen und sie dann mit anderen zu teilen vermögen.

Wer um die Verwechselbarkeit, Einzigartigkeit, Besonderheit der eigenen Heimat weiß, wird nicht nur mehr für sie sorgen, er wird auch die Heimaten der anderen und die Besonderheiten der anderen Traditionen mehr achten und nicht ängstlich, sondern neugierig und höflich auf Fremdes reagieren. Er hat einen Sinn für die „Klänge der Heimat" anderer Menschen.

Heimat ist nicht zuletzt die Voraussetzung für demokratische Mitbestimmung, für aktive Mitgestaltung und politisches Engagement der Menschen in ihrem Lebensumfeld, in der Gesellschaft und auf allen staatlichen Ebenen. Nur dort, wo ich das Gefühl der Zugehörigkeit habe, werde ich mich auch einmischen, Anteil nehmen, mitreden und aktiv mitbestimmen wollen. Es stellt sich heraus, dass der Begriff Heimat, so wie wir ihn verstehen und neu begründen wollen, ein sehr demokratischer Begriff ist. Der auf die Mitarbeit, Mitbestimmung und Mitgestaltung der Menschen in allen Lebensbereichen hinzielt. „Wo Bindung ist, ist Verantwortung", meinte einmal Karin Brandauer.

In seine Heimat wächst jeder von uns hinein. Ich habe im Liechtensteinpark begonnen, im „tiefen Liechtenthal" – wie man es früher schrieb – mit seinen kleinen ebenerdigen und einstöckigen Häusern; verarmt, durch den Krieg gezeichnet, wo das Wasser nicht durch die Leitungen, sondern an den Wänden hochstieg, fast noch mit einem bodenständigen Rest dörflichen Charakters. Den Alsergrund habe ich mir Schritt um Schritt erobert, durch den Schulweg und durch den immer größer werdenden Radius eines Kindes. Wien habe ich mir eigentlich erst als Student erschlossen, nicht zuletzt durch neue Aufgabenstellungen in einer Jugendorganisation. Wiener bin ich schließlich durch die eigene Familiengeschichte geworden, die mir die Eltern und Verwandten erzählt haben; die Geschichte vom Wien der ausgehenden Monarchie, von der schrecklichen Zwischenkriegszeit, von der Not des Krieges und – schrittweise auch im eigenen Erleben – vom Wien des Wiederaufbaus.

Jeder von uns wächst in mehrere Heimaten hinein, die im Bewusstsein später zu einer Heimat verschmelzen. Meine Eltern haben es mir ermöglicht, durch die Sommerfrische in Tirol eine zweite Heimat in Alpbach zu bekommen. Heimat ist mehr als der bloße Herkunftsnachweis, Heimat erwirbt man sich. Ich habe dann als Jugendlicher, als Student diese verschiedenen Landschaften miteinander verbunden und so eine Gesamtansicht von Heimat erhalten. Zuerst kann man erzählen, was man kennt, später kommen die Fragen dazu, was man an seiner eigenen Heimat nicht kennt. Heimat wird dann zur emotionalen und historischen Erfahrung: Das habe ich am 15. Mai 1955 beim Abschluss des Staatsvertrags im Garten des Belvedere begriffen, auch durch „Wallfahrten" an den Eisernen Vorhang im nördlichen Mühlviertel und im Burgenland.

So wurden mir die unterschiedlichen Landschaften der Bundesländer ebenso zur Heimat wie das geschichtliche Wachsen der Zweiten Republik von ihrer Wiedererstehung bis zur Mitgliedschaft in der Europäischen Union. Überhaupt haben wir als Zeitgenossen übersehen, dass sich unsere Heimat Österreich seit dem Staatsvertrag grundlegend geändert hat. Aus dem Land, das nach den großen Kriegen alles daran gesetzt hat, nicht besonders aufzufallen, ist eine Gemeinschaft von Menschen gewachsen, die auf sich stolz sein kann. Ich meine nicht den Wohlstand und die so oft zitierten kulturellen Leistungen, sondern das Bestehen in vielen Herausforderungen. So war Österreich in den Jahren 1956, als sowjetische Truppen den ungarischen Aufstand niederschlugen, und 1968, im Jahr der Invasion des Warschauer Paktes in der Tschechoslowakei, ein couragierter und geforderter Nachbar. Nicht nur gegenüber den Ereignissen im Polen der Achtzigerjahre, sondern auch unmittelbar betroffen vom Krieg im ehemaligen Jugoslawien ist Österreich von seinem selbstbewussten Kurs des Einsatzes für die Sicherung der Menschenrechte und für die nachbarschaftliche Hilfe nicht abgerückt. So hat sich Österreich in diesem Teil Europas eine Stellung erworben, die für die Stabilität und Sicherheit in dieser Region unverzichtbar geworden ist.

Für Österreich ist die historische Entscheidung für die Mitgliedschaft in der Europäischen Union eine mit weit reichenden Folgen für die westliche Orientierung unseres Landes, verbunden mit der Option, ein guter Anwalt und Dolmetscher der östlichen Nachbarstaaten zu sein. Das alles sind Qualitätsveränderungen unserer Republik, die einstmals begannen, 1918, mit einem „Staat, den keiner wollte".

Wir sind mit vielen Fasern an unsere Heimat Österreich gebunden. Auch wenn uns vieles an den Geschichten und den Biographien bewusst ist, die uns geprägt haben, die meisten dieser Fasern sind doch verborgen, jenseits des wachen Bewusstseins. Aber wenn diese Fasern zerreißen oder zerrissen werden, dann erleben wir dies als einen schmerzhaften Eingriff in unser Innerstes. Die Fasern reichen über das Bewusstsein der Erwachsenen hinaus ins Kindliche, in die Spazierwelt aus Kindertagen, ins kaum artikulierte, nur noch bildhafte Gedächtnis. Dieses Gedächtnis ist aber mehr als die bloße Erinnerung an die verlockenden Gerüche unserer Kindheit, ist mehr als die Erinnerung an das Vergangene oder Verlorene. Es ist die Erinnerung an die Bedingungen der eigenen Existenz. „Der Mensch ist bedingt", schreibt Vilém Flusser, „bedingt, weil seine Bewegung von den natürlichen und kulturellen Dingen in seiner Umgebung in spezifische Bahnen gelenkt wird." Wir schauen nach in unseren ungeschriebenen Tagebüchern, wir suchen die Vergangenheit, um die Gegenwart zu finden. Die Erinnerung ist das Holz, aus dem unsere Identität geschnitzt ist. Wenn wir uns erinnern können, wissen wir, woher wir kommen und wer wir sind. Denn Identität heißt Bei-sich-selbst-Sein. Wir sind bei uns selbst; wenn wir uns als innere und bedingte Wesen in unserer Innerlichkeit entdecken. Für mich gilt der Satz aus dem „Golem" von Gustav Meyrink: „Wissen und Erinnerung sind dasselbe." Sind wir Erinnernde, dann sind wir Wissende. Heimat haben bedeutet also mehr, als im geistigen Fotoalbum Nostalgien zu pflegen. Heimat heißt, dass wir uns die Erinnerung vergegenwärtigen, weil erst aus der individuellen Identität, aus der Art und Weise, wie ein Mensch mit sich zu Rande kommt, in Auseinandersetzung auch mit dem, was ihn von außen bedingt, eine kulturelle und soziale Identität entstehen kann. Das Selbst ist in dialogische Gemeinschaften eingebettet. Und es ist diese soziale Seite der Identität des Menschen, die die Fäden der Gemeinschaft spannt, die „dialogischen Fäden der Verantwortung und des Einstehens für den andern" (Vilém Flusser).

Bindung wächst also aus dem wichtigen, aber vielfach auch missverstandenen Bedürfnis nach der Verwurzelung der menschlichen Seele. Die Philosophin Simone Weil hat noch vor dem Ausbruch des Zweiten Weltkrieges in dunkler Vorahnung die Verwurzelung so beschrieben: „Ein menschliches Wesen hat eine Wurzel durch seine wirklich aktive und natürliche Teilhabe an einer Gemeinschaft, die gewisse Schätze der Vergangenheit und gewisse Ahnungen der Zukunft lebendig hält."

Für meine Generation gibt es natürlich auch Schätze der Erfahrung aus der Geschichte, nicht nur aus der offensichtlichen europäischen Zukunft, die wir haben. Es soll auch durchaus erwähnt werden, dass mein Vater, als er sich aus beruflichen Gründen um den „großen Arier-Nachweis" zu bewerben hatte, auf den Schreibfehler aufmerksam gemacht wurde, der aus dem früheren Namen Buseck das „c" verschwinden ließ und daraus Busek machte. Der Beamte hielt ihm vor, dass der Name nicht richtig sei, was offenbar anhand der Dokumente klar ersichtlich war. Mein Vater, ein Pragmatiker, erklärte also dem Vertreter des Regimes, wenn er unbedingt wolle, könne er es ja ändern. Die Antwort war für die Zeit typisch und schmerzlich: „Seien Sie froh, dass Sie kein Jud' sind." Damit wurde auch meiner Familie klar, was Abstammung bedeutet. Ein Gefahrenmoment für die Familie war nicht gegeben, gleichzeitig aber sichtbar, in welchen Gefahren andere lebten, die ganz selbstverständlich unsere Nachbarn im Grätzel und Bezirk gewesen sind. Im Alsergrund, wo meine Familie zuhause war, haben insbesondere in der Rossau viele Juden gelebt. Das hatte eine lange Tradition; in der heutigen Seegasse gibt es immer noch einen übrig gebliebenen jüdischen Friedhof, der schon von Kaiser Josef II. geschlossen wurde. Aber auch die Geschäftswelt in der Rossau war beeinflusst. Man erzählte mir von den „Ganslern", also jenen, die Geflügel verkauften, sowie koscheren Fleischhauern und vielen anderen Einrichtungen. Nichts von dem ist geblieben. Lediglich ein Freund, den ich später durch die Jahre gewonnen habe, Ambassador Richard Schifter, geboren und bis 1938 in der Porzellangasse 36, vis-a-vis von dem Haus, in dem meine pensionierten Eltern später lebten, hat mir diese Erinnerung aufgefrischt – und sie hat uns auch bleibend verbunden, obwohl er sein eigentliches Leben in den USA zugebracht hat.

Damit aber wird die Rolle der Geschichte relevant. Ich werde nicht müde darauf zu verweisen, dass Wolfgang Amadeus Mozart für seine Zeit ein Weltreisender gewesen ist, in seinen Opern zu verschiedenen Lebenszeiten verschiedenen Einflüssen ausgesetzt war. In seiner Jugend von der Opera Seria, später von den Vorboten der Französischen Revolution mit den Themen von Beaumarchais und da Ponte für „Die Hochzeit des Figaro" und „Don Giovanni" beeinflusst, hat er dann die aufklärerische Oper „Die

Zauberflöte" in Deutsch komponiert. Eine Verortung von Mozart ist genauso schwierig wie eine Verortung von uns allen, wo wir doch ein Ergebnis solcher verschiedener Einflüsse sind. Ich muss daher gestehen, dass meine Abstammung aus dem Busecktale aus den Orten „Großen-Buseck" und „Alten-Buseck" relativ wenig Einfluss auf mich hat. Die Sprache des Blutes, wie es so schön und problematisch gleichzeitig heißt, ist wohl mehr Ansprache der Umgebung. Das gilt aber für uns alle, wobei es in verschiedenen Phasen verschiedene Einflüsse hat. Man ist sich aber dessen oft nicht bewusst. Anlässlich der Fußballweltmeisterschaft 1954 in der Schweiz hat mir mein Vater erklärt, dass man die österreichische Fußballmannschaft daran erkenne, dass sie tschechische Namen habe (Zeman, Ocwirk, Aurednik, Stojaspal etc.), während die tschechischen Spieler meistens deutsche Namen tragen. Bei einem Besuch des tschechischen Ministerpräsidenten Vaclav Klaus und seines Stellvertreters Lux ist mir das sehr bewusst geworden, denn die österreichischen Repräsentanten hießen Vranitzky und Busek. Das hat unserer jeweiligen Legitimation keinen Abbruch getan, sondern eher dazu geführt, dass wir die europäische geschichtliche Realität begriffen haben. Wir sind hier auf eine ganz eigentümliche Weise schizophren. Auf Ivica Vastic sind wir stolz, weil er ein ausgezeichneter Fußballer ist, während uns der eingewanderte Hilfsarbeiter aus der Nachbarschaft Österreichs auf die Nerven geht. Dort ist die eigentliche Problematik zu sehen.

Es ist zu hoffen, dass die Entwicklung Europas all diese Spannungen reduziert. Im Moment werden sie verstärkt, weil wir uns offensichtlich gegen einen notwendigen Prozess wehren. Natürlich sind der Änderungen viele und das Tempo ist ungeheuer. So ist auch eine gewisse Abneigung dagegen verständlich, wenngleich keine Lösung. Was soll ein nationales Denken angesichts der Globalisierung und der Notwendigkeit der Integration? Sie wirtschaftlich zu machen und auf sie kulturell zu verzichten ist Unsinn. Europa war nämlich kulturell schon früher eine Wirklichkeit, nicht wenn wir an Musik und Literatur denken, sondern etwa auch an die Universitäten, die ein wirkliches Produkt Europas sind. Zu meinem Schmerz begreifen das die Kirchen zu wenig, die einen wesentlichen Beitrag leisten könnten, denn sie sind meist auch nicht national zu verorten. Wenn sie es aber tun, dann ist es ein Fehler, denn das Angebot von Heil und Erlösung, die Perspektive der Welt ist ja eine allgemeine und kann nicht einzelnen Menschen aus bestimmten Völkern besonders vorbehalten sein. Spätestens seit dem Apostelkonzil in Jerusalem hat sich der christliche Glaube von der Bindung an ein Volk – dank der Weisheit des heiligen Paulus – gelöst. In meiner Kirche war es eine Zeitlang üblich, einen Wunsch auszusprechen: „Ut omnes unum sint – dass alle eins seien". Wenngleich man im Moment davon wenig hört, bleibt es eigentlich ein allgemeines menschliches Postulat. Dabei sind die Unterschiede der Herkunft, des Milieus, der Heimat möglicherweise sogar hilfreich, weil sie zeigen, dass unsere Welt dadurch interessanter und spannender wird. Ich bin daher einverstanden, wenn mich ob meines Namens und meiner Familie jemand als Tscheche oder „Bem" bezeichnet, weil es egal ist – sicher aber werde ich mich nicht auf Ostenthaler umbenennen. Sie erinnern sich an ein Plakat vor Jahrzehnten: „Ich heiße Kolaric, du heißt Kolaric, warum sagen sie zu dir Tschusch?"

Glainach – Eine Kindheit auf dem Lande

VON WOLFGANG PETRITSCH

„Jeder bekommt seine Kindheit über den Kopf gestülpt wie einen Eimer.
Später erst zeigt sich, was drin war. Aber ein ganzes Leben lang rinnt das an
uns herunter, da mag einer die Kleider oder Kostüme wechseln wie er will."
Heimito von Doderer

Als sie 1931 den seit vier Jahren verwitweten Johann Petritsch heiratete und nach Tratten in der Südkärntner Gemeinde Unterferlach übersiedelte, war Ursula Woschitz aus der Pestrc-Keusche in Niederdörfl bei St. Margarethen im Rosental schon viele Jahre als Magd beim Gastwirt und Fleischhauer Max Antonitsch in Ferlach beschäftigt gewesen. Ein Freund hatte den Enddreißiger auf die fleißige, mit fünfundzwanzig Jahren nicht mehr ganz junge Frau aufmerksam gemacht. Das Einvernehmen mit ihrem Vater war bald hergestellt. Die Heirat war für sie, die insgesamt nicht mehr als einige Monate in die Schule gegangen war, da sie von Kind an auf dem Feld oder im Haushalt anderer hatte arbeiten müssen, wohl auch Befreiung aus der Fron eines endlosen Sechzehn-Stunden-Tages gewesen.

Mein Großvater war bei seiner zweiten Eheschließung schon ein erfahrener Büchsenmacher und fertigte in Heimarbeit die Schäfte für die im nahen Ferlach produzierten Jagdgewehre. Doch davon allein konnte man in jenen Jahren des wirtschaftlichen Niederganges auf dem Land nicht leben. Fünf Hektar Wiesen, Felder und Wald gehörten zum Ogrin – so der Vulgoname –, der zwei Kühe, ein paar Schweine, Hühner und die Familie mit den beiden Söhnen aus der ersten Ehe ernährte. Ein Großonkel, der niemals geheiratet hatte, schlief hinter einem Bretterverschlag auf dem Dachboden des aus einer großen Wohnküche und zwei Zimmern, einer Speis und einer Rauchkuchl bestehenden Hauses in Tratten

Nr. 4. Neben dem kellerlosen Haus, gleich beim Abort, stand ein von alten Zwetschkenbäumen umsäumter Schweinestall, etwas weiter weg der Heustadel mit einem kleinen Kuhstall. Dort befand sich auch der Vorratskeller, ein kleines, über wenige Stufen erreichbares Erdloch. Das Wasser entnahm man dem Dorfbrunnen; als ich sieben oder acht Jahre alt war, wurde ein eigener Brunnen geschlagen.

Meine Großmutter versorgte Haushalt und Haustiere, schien unentwegt mit dem Garling unterwegs, bestellte Erdäpfel- und Getreidefelder und den kleinen Gemüsegarten und sorgte sich jahrein, jahraus ums Wetter. War es zu lange sonnig, beklagte sie das Fehlen des Regens, regnete es einmal drei Tage ohne Unterbrechung, begann sie an der Gerechtigkeit Gottes zu zweifeln und bejammerte – „Marija divica, aj pa bo to" – das generöse Nass des Niederschlages.

Viel früher hatten freilich noch mehr Menschen unter diesem Dach gelebt und gearbeitet. In den Jahren vor dem Ersten Weltkrieg hatte mein Urgroßvater eine – für das kleine Straßendorf mit seinen kaum mehr als einem Dutzend Höfen und Keuschen, einer Greißlerei und zwei Gastwirtschaften – prosperierende Schuhmacherwerkstätte. Regelmäßig belieferte er den Klagenfurter Wochenmarkt mit handgefertigten Schuhen, Stiefeln und Zockeln. Ein bräunlich-vergilbtes Foto von der Jahrhundertwende erinnert an die „gute alte Zeit": Vor dem Haus der Meister mit seinen vier Gesellen und Lehrlingen, daneben mein Großvater, der kleine Hansi. Auf dem Haus aber stand in Balkenlettern „Schumacher Petritsch".

Deutsch musste es sein, wenn auch fehlerhaft, denn mein Urgroßvater bekannte sich zum „Deutschtum", obwohl er, so wie seine Nachbarn, Freunde und Verwandten, im täglichen Umgang nur den slowenischen Rosentaler Dialekt – von manchen abfällig als „windisch" bezeichnet – gesprochen hat.

Ging er zur Sonntagsmesse in die Glainacher Kirche, so stand er bei den wenigen „Deutschgesinnten" – die Slowenen nannten sie „nemčurji" – rechts vor dem schmiedeeisernen Tor zum Friedhof, der die frühgotische Dorfkirche umgibt. Die slowenischen Männer aber – sie waren naturgemäß die große Mehrzahl – unterhielten sich auf der gegenüberliegenden Seite. Gleich nach dem „Ite … missa est" und noch ehe die ersten Kinder aus der Kirche stürmten, gingen sie freilich gewohnheitsmäßig gemeinsam in eines der beiden Glainacher Wirtshäuser, zum Sablatschan oder zum Antonitsch, auf ein Bier und ein Gulasch. Die Frauen aber beeilten sich über die Feldwege nach Hause zum Kochen.

Auf dem Wochenmarkt in Klagenfurt war meinem Urgroßvater wohl schon früh klar geworden, dass Geschäfte und Fortkommen viel besser in deutscher Sprache zu schaffen sind. Während einer solchen Marktfahrt, nach der üblichen Zeche beim Razaj in Maria Rain und dem Besuch bei einer Freundin, wie man munkelte, ist er auf dem Kutschbock einem Herzschlag erlegen. Sein Pferd hat den Toten nach Hause gebracht. Die Schusterei ging alsbald in den Wirren des Zusammenbruchs der Donaumonarchie und der im Südkärntner Gebiet ausbrechenden Grenzkämpfe zwischen den beiden neuen Staaten Österreich und SHS, dem späteren Jugoslawien, zugrunde.

Waren die dörflichen Betriebe und das Kleingewerbe nach und nach der rationellen Produktionsweise der Manufakturen und dem größeren Warenangebot der Kaufhäuser in den Städten zum Opfer gefallen, erlebte das Büchsenmacherhandwerk in Ferlach einen wohl auch kriegsbedingten Aufschwung. Anstatt den Beruf seines Vaters zu erlernen, wurde daher mein Großvater Büchsenmacher. So habe ich ihn erlebt, in der weitläufigen Küche mit der dunklen Holzdecke, an der am Südfenster gelegenen Werkbank, auf einem hohen Schemel vornübergebeugt sitzend oder auch vor dem Schraubstock stehend. Mit seinen Werkzeugen – Flacheisen und Reifmesser, Handsäge und Holzfeile – verpasste er dem Nussholz, vorzugsweise dem mindestens fünf Jahre getrockneten Wurzelholz, das traditionelle Fischhautmuster der Ferlacher Jagdgewehre. Vorab schon musste der befeuchtete Rohschaft mittels Spiritusbrenner, den mein Großvater aus einer Schuhpastadose zu basteln pflegte, sorgfältig geglättet werden. War es ursprünglich Schellack, wurde der Schaft später im so genannten Ölschliff ausgefertigt. Der Duft der nussholzgebrannten Flüssigkeit aber verlieh dem Raum etwas Weihevolles. So oder ganz ähnlich roch es sonst nur in der Kirche. Dazu rauchte er täglich einige „Dreier", die ich für ihn stückweise im Gasthaus „Pri Hajnžete" kaufen musste.

Mein Großvater hat mit mir darüber nie gesprochen: Das in der Weltwirtschaftskrise der Dreißigerjahre oftmals vergebliche Anstellen um ein Stück Arbeit in der Ferlacher Fabrik seines reichen Schwagers, das harte Los der Baraber und Tagelöhner, denen er sich in verzweifelten Augenblicken nahe wähnte – das alles hat ihn zutiefst verstört. Die wirtschaftliche Verelendung, die Aussichtslosigkeit jener dunklen Jahre, wohl auch der frühe und tragische Tod seiner geliebten ersten Frau hatten aus ihm einen verschlossenen und stets melancholischen Menschen gemacht.

Die Kirche mochte ihm und seinesgleichen ebenso wenig zu helfen wie die mit ihr verbündete Politik. So ging er zeit seines Lebens zwar zur Sonntagsmesse, weil es sich gehörte, und wählte sozialistisch, weil ihm die christlichsoziale Partei der Bauern und Fabriksbesitzer fremd blieb. Die Paradoxien des so genannten „Volkstumskampfes" – eine Konstante des Südkärntner Alltages – hatte er am eigenen Leib erfahren müssen, als er 1919 mit 26 Jahren von den südslawischen Besatzungstruppen zur Zwangsarbeit nach Semendrija nahe Belgrad verschleppt wurde, dem Donauhafen, der heute Smederevo heißt. Ein missliebiger Nachbar hatte ihn, der immer nur Slowenisch sprach und von der großen Politik nichts verstand, bei der südslawischen Besatzungsmacht denunziert. So formte sich aus dem tragischen persönlichen Schicksal, der politischen Gefangenschaft, die ihn an den Rand des Todes gebracht hatte, schließlich aus der beruflichen Erfahrung der ökonomischen Krise der Dreißigerjahre und der Tradition des Elternhauses das antipolitische Südkärntner Weltbild: tatsächlich Slowenisch reden, singen und fühlen, vorgeblich aber „deutsch-national" und damit gegen seine eigene Herkunft leben. Solcherart geprägt ist vielfach auch heute noch die Südkärntner Wirklichkeit.

Auch meinen Vater hat die ökonomische Deprivation seiner Familie fürs Leben geprägt. Bis zu seinem vierten Lebensjahr hatte er ausschließlich Slowenisch gesprochen. Seine selbstbewusste Mutter – das Foto auf dem Grabstein zeigt sie als Schönheit mit pechschwarz gewelltem Haar – war mit 34 Jahren an offener Tuberkulose gestorben. So ist er aufgewachsen im trostlosen Schatten der Weltwirtschaftskrise, die geradewegs zu Faschismus und Nationalsozialismus und zum großen Krieg führen sollte. Als Achtzehnjähriger wurde er zum Militär einberufen und auf den jugoslawischen Kriegsschauplatz versetzt. Welch eine Ironie: Sein Vater war nur wenige Jahre vorher als Gefangener nach Serbien verschleppt worden. Nun fand sich der Sohn als blutjunger Gefreiter der Nazi-Armee ebendort, in Bosnien, Montenegro und Dalmatien wieder – und konnte ebensowenig den „Sinn" dieser verbrecherischen Politik verstehen …

Wie schon sein Vater und sein älterer Bruder vor ihm hatte auch mein Vater das Büchsenmacherhandwerk erlernt. Bereits während seiner Schulzeit in der Fachhochschule für Handfeuerwaffen in Ferlach begann er in der Jagdwaffenfabrik Sodia als Akkordarbeiter zu werken. Dort, wo sein Vater nur das unbearbeitete Schaftholz abholen durfte, hatte er es in über vierzig Jahren bis zum Werkmeister gebracht, war stolz darauf, nie auf Urlaub oder gar krank gewesen zu sein. Er ist dort bis zu seiner Pensionierung im Mai 1984 geblieben.

Gerne hätte ihn sein Schwiegervater Maximilian Antonitsch als Landwirt gesehen. Der Hof in Glainach, in den mein Vater später einheiratete, war mit 33 Hektar der größte im Dorf, die eine Hälfte Wiesen und Felder, die andere Mischwald und ein wenig Erlenbestand in den Drau-Auen. Ein Dutzend Kühe, zwei Pferde, Muttersäue und eine größere Anzahl Schweine wurden von Knechten und Mägden versorgt. Dazu kam das Gasthaus, das meine Mutter seit ihrem siebzehnten Lebensjahr praktisch allein zu führen hatte; denn mein Großvater musste sich in jungen Jahren krankheitshalber zurückziehen. Seine aus Ferlach stammende Frau war bereits Ende der Dreißigerjahre mit fünfundvierzig an einer Lungenentzündung gestorben.

Die Antonitsch, alteingesessene Ferlacher Fleischhauer und Gastwirte, hatten vor der Jahrhundertwende den heruntergewirtschafteten Hof in Glainach kurzerhand von einem Verwandten übernommen, der in kurzer Zeit mehr als die Hälfte des einstmals über 100 Hektar großen Anwesens beim Kartenspiel verloren hatte. So kam mein Großvater, der – wie sollte es anders sein – zum Büchsenmacher bestimmt war, kurz nach dem Ende des Ersten Weltkrieges als Land- und Gastwirt nach Glainach, um das für Südkärntner Verhältnisse immer noch beachtliche Anwesen zu übernehmen.

In diesem Dorf, abseits der Hauptstraße, in der fruchtbaren Ebene des unteren Rosentales zwischen der Drau und den waldreichen Vorbergen der Karawanken gelegen, bin ich in den Fünfzigerjahren aufgewachsen.

Der außerordentlich tiefe Steinkeller meines Elternhauses, die an romanische Profanbauten erinnernden Gewölbe des massiven Gebäudes stammen wohl aus dem Spätmittelalter. Angeblich gehörte der Hof vor vielen hundert Jahren dem Kloster Viktring, das ihn von der Grundherrschaft Hollenburg zur Erhaltung der nahen Draubrücke übertragen bekommen hatte. Als Wirtshauskind – die Küche war gleichzeitig Gastraum und Ort meiner Erziehung – wurden mir allerlei dubiose Geschichten über mein Elternhaus und insbesondere über den Keller erzählt, in den ich manchmal, wenn körperliche Züchtigung versagt hatte, gesperrt wurde. So sollen gefallene Nonnen ihre Kinder in der Einsamkeit des Glainacher Bauernhofes zur Welt gebracht haben; die Produkte der Sünde wurden anschließend getötet und im Keller verscharrt, wussten die Alten zu erzählen.

Als ich dort aufwuchs, war davon freilich nichts mehr zu bemerken. Im Keller wurden die Getränke gekühlt, Erdäpfel, Endiviensalat und anderes Wintergemüse gelagert. Das Sauerkraut stand in großen Tonnen bereit und mir machte das herbstliche Krauttreten – Füße besonders sorgfältig gewaschen, weiße Socken angezogen – stets großes Vergnügen.

Als meine Eltern 1952 heirateten – der Sohn stand schließlich schon kurz vor dem Schuleintritt und sollte den Namen seines Vaters führen –, war die Landwirtschaft bereits verpachtet. Mit dem Pächter, einem Bauernsohn aus dem Zollfeld, kam auch der erste Traktor – ein 16 PS starker Steyr – nach Glainach. Die Modernisierung der Landwirtschaft löste in den Jahren meiner Kindheit nach und nach die schwere Handarbeit und das Pferdefuhrwerk ab. Aber noch immer wurde vorwiegend mit der Sense gemäht, das Heu mit der Gabel gewendet und auf den Wagen geladen und mittels Tram und Hanfseil festgezurrt. Die Erdäpfel wurden noch lange mit der Hand gesetzt und im Herbst von den Frauen und Kindern des Dorfes geklaubt. Ehe die Runkelrüben geerntet wurden, gaben sie reichlich Grünzeug – Plotschen nannten wir es – für die Schweine. Deren Nahrung, fällt mir heute auf, schien damals überhaupt abwechslungsreicher gewesen zu sein, musste ich doch im Frühling jeden Abend „Rehrl" stechen gehen. Der junge Löwenzahn wurde dann zwischen Kühen und Schweinen geteilt. Zudem durften die jungen Ferkel unter meiner Aufsicht – ich hatte meist einen schwarz gescheckten Freund darunter – den kleinen Obstgarten nahe der Kegelbahn mit ihren Rüsseln durchpflügen. Für den Hahn und seine Hennen war dies stets ein Signal zur Jagd auf Regenwürmer und Engerlinge. Das Getreide – Roggen und Weizen fürs Brot, Hafer für die Pferde – wurde erst seit den Sechzigerjahren von einem Mähdrescher geerntet. Bis dahin hatten wir Kinder beim Aufstellen der Getreidemandln geholfen, die mit Sense und Sichel geschnitten und mit Strohbändern kunstvoll gebunden worden waren. Ende August sahen die gleißend-gelben Felder unseres Dorfes wie bevölkert aus und boten guten Unterschlupf beim Versteckspiel.

So brachten die Jahre des wirtschaftlichen Aufschwunges – aus

Deutschland kam die Kunde von einem „Wirtschaftswunder" – auch Glainach den zögerlichen Übergang vom traditionellen Ackerbau zur mechanisierten Landwirtschaft. Der Kunstdünger, von der landwirtschaftlichen Genossenschaft als „Wundermittel" angepriesen, verhalf auch Kleinbetrieben zur jährlichen Rekordernte. Langsam und sehr bescheiden breitete sich im Dorf der kleine Wohlstand aus. Neben landwirtschaftlichen Geräten tauchten hie und da bereits Motorräder, später Mopeds, schließlich auch Autos auf. Mein Vater war bereits 1947 stolzer Besitzer einer 125er Puch. Zehn Jahre später kaufte unsere Familie mit kräftiger finanzieller Unterstützung des Großvaters das erste Auto im Dorf, einen Opel Rekord.

Traditionelle Lebens- und Arbeitsweisen existierten in den Fünfzigerjahren aber neben dem Neuen weiter.

Als Neunjähriger konnte ich auf unserem Hof noch in einem von der Landwirtschaftskammer veranstalteten Kurs das manuelle Melken erlernen. Erst Jahre später wurde in unserem Dorf die erste Melkmaschine aufgestellt. Da war aber bereits in den Hofbrunnen die elektrische Wasserpumpe installiert, die auf Knopfdruck die notwendige Menge Wasser in Stall und Haus leitete. Die häusliche Hygiene erlebte einen ungeahnten Aufschwung. Anfang der Sechzigerjahre wurde unser Haus mit einem Bad ausgestattet, dem ersten in Glainach. Für die gelegentlichen Sommerfrischler und die Familie wurde ein WC eingebaut, der Abort mit den Myriaden an fetten Fliegen und dem süßlichen Gestank menschlicher Exkremente hatte ausgedient. Nur die Alten gingen gewohnheitsmäßig weiter „aufs Häusl". Mit einem Mal war es aber auch vorbei mit dem stundenlangen Wasserleiern für den großen Wasserbottich im Kuhstall, mit dem beschwerlichen Wasserholen beim Brunnen. Der erst Ende der Sechzigerjahre erfolgte Anschluss an die Ferlacher Wasserleitung löste dann beträchtliche Unruhe im Dorf aus. Die alten Brunnen versandeten, das Wasser kostete plötzlich Geld und war angeblich nicht so gut wie das eigene.

Andere Errungenschaften der modernen Zivilisation wurden

mit offenen Armen aufgenommen. Meine Großmutter tauschte bereitwillig die alten Bauerntruhen und Getreidekästen gegen buntes Plastikzeug. Die wuchtigen Holzkästen und Betten mit Rosshaarmatratzen wurden auf die Dachböden verbannt und durch Hartfaserplattenschränke und das bunte und verstellbare Sofa aus dem Möbelhaus ersetzt. In Stadt und Land überbot man einander bei der Modernisierung der Hausfassaden. Die kleinen Holzfenster und die mächtigen Holztore mussten so genannten Blumenfenstern und Alutüren weichen. Eternitplatten verdrängten Schindeldächer, Asphalt und Teer machten die Feldwege staubfrei. In monatelangen Erdbewegungen mit Caterpillar und Bagger wurde die Bundesstraße zwischen Otrouca und Unterglainach in eine Rennstrecke für die rapide zunehmende Zahl von Autos verwandelt. Das Antlitz des Dorfes wurde verwechselbar.

Das Bundesheer des gerade unabhängig gewordenen Staates errichtete auf der Glainacher Wiese und in den Wäldern der Rauth einen Schießplatz. Aus Ferlach kamen Jugendliche und benutzten die Wiesen als Übungsplatz für Segelflieger, die sie selbst gebaut hatten.

Noch immer aber spielten in unserem Gasthaus zu den beiden Glainacher Kirchtagen – dem „Krainer Sonntag" im Frühjahr und dem „Michaeli" im September – Musikanten aus Ferlach, Maria Rain oder Grafenstein. Statt der Pilger aus Neumarktl, dem heutigen Tržič in Slowenien, kamen die Zellaner, und es wurde getanzt, gekegelt und oft auch gerauft. Der Kirchenchor hielt immer noch seine Gesangsproben in unserem Extrazimmer ab; nach der Sonntagsmesse wurde im Gasthaus weitergesungen. Slowenische und deutsche Lieder wechselten einander ab, für die Gäste aus der Stadt waren alle Texte gleichermaßen unverständlich, auch der deutsche Dialekt ist bei uns im Dorf nicht das reinste Burgtheaterdeutsch. Die Melodien aber klangen alle gleich melancholisch; kein Wunder, ist doch der typische Dreiklang allen Liedern der steirisch-kärntnerisch-krainischen Region eigen.

Wenn er besonders gut aufgelegt war, intonierte unser Nachbar, der Bauer und Weinhändler vulgo Huber, mit seinem beeindruckenden Bass „Večerni zvon", ein russisches Volkslied, das uns aber ganz heimisch vorgekommen ist.

Die Gesangsproben wurden seltener, anstelle der heimischen Musikanten spielte in unserem Gasthaus immer öfter die Musikbox. Die „igre" der slowenischen Laienschauspieler beim Cingelc auf der Tratten, die Theaterabende reisender Schausteller – einmal kam sogar ein Zirkus mit einem Kampfbären in unser Dorf – wurden vom Fernsehen abgelöst. Es war ein Sonntagnachmittag, als ich bei Verwandten in Ferlach zum ersten Mal Lassie am Bildschirm sehen durfte. Wenige Jahre später stand auch in unserem Gastzimmer ein Fernsehapparat. Die ersten olympischen Winterspiele in Innsbruck wurden solcherart zum dörflichen Ereignis. Mehrere Glainacher Burschen entschlossen sich spontan zu einer Fahrt nach Tirol und wussten wenige Tage später von den enormen Bierpreisen in der Olympiastadt zu berichten.

Das Gasthaus, seit jeher Treffpunkt und Informationszentrale des Dorfes, hatte mit dem Fernseher eine neue Funktion dazugewonnen. Nun kam man nicht mehr nur, um zu telefonieren oder Zigaretten zu kaufen, jetzt konnte man bei uns auch das Neueste aus der Welt draußen erfahren. Die Männer und Burschen aber brachten bereits ihre Ehefrauen und Freundinnen mit in die Wirtsstube.

„Der Antonitsch" in Glainach, nur noch die Alten verwendeten den Hofnamen Tone, war im Lauf der Fünfzigerjahre immer mehr zum Gasthaus geworden; unsere Landwirtschaft wurde Sommer um Sommer reduziert. Nachdem der Pächter mit den Knechten und Mägden 1958 unseren Hof verlassen hatte, wurden auch keine Pferde mehr eingestellt. Die Milch wurde fortan beim Nachbarn gekauft, die Felder und der Krautacker produzierten nur noch für den Gasthausgebrauch. Aus dem Kuhstall wurde ein Hühnerstall – das Backhendlzeitalter hatte begonnen –, im Schweinestall wurden die Ferkel mit dem reichlicher werdenden

Küchenabfall – der Koschpl – gemästet. Waren in den ersten Nachkriegsjahren im Gasthaus nur Bier und viel Korn und Obst ausgeschenkt worden – im Sommer tranken die Einheimischen bereits zum Frühstück den selbst angesetzten hochprozentigen Luschtokschnaps –, entdeckten Mitte der Fünfzigerjahre motorisierte Wochenendbesucher aus Klagenfurt die Bauernkost in Glainach. Schweinsbraten und Wienerschnitzel, Brat- oder Backhendl zu Mittag, belegte Brote oder harte Würste und Speck zur Jause. Frauen und Kinder bestellten mit Vorliebe die riesengroßen Nuss- und Schokoladentorten, die meine Mutter samstags zubereitete. Allmählich verdrängten „Fremde" die Einheimischen vom Wirtshaustisch. Uns Kinder faszinierte insbesondere ein Mann, der mit wechselnden Begleiterinnen an den Wochenenden nach Glainach kam und an die Dorfkinder seltsame Figuren aus Plastik, Kaugummi und Schokolade verteilte. Als Mineralölhändler, so nannte man seine Tätigkeit, ging er einem Beruf nach, der uns sehr geheimnisvoll schien. Benzin war damals ein kostbares Gut, er aber schien darüber zu verfügen. So konnte er es sich auch leisten, am Rande unseres Dorfes einen „Bungalow" mit Terrasse samt Terrazzoboden zu bauen. Erstmals seit Menschengedenken war Glainach gewachsen, es hatte nun zwanzig Häuser.

Als ich an einem Herbsttag meinen Großeltern in Tratten bei der Erdäpfelernte half, erfuhren wir vom Selbstmord dieses geheimnisumwitterten Mannes. Er hat dabei auch einen Arzt erschossen, der ihm, so stand es am nächsten Tag in der Zeitung, das Rauschgift verweigert hatte. Was ist das, „Rauschgift", fragte ich mich damals und dachte an Rattenköder und Schnaps.

In den Sommern jener Jahre kamen erstmals sogar Touristen aus Wien und bezogen in den „Fremdenzimmern" der umliegenden Dörfer Quartier. Auf der Drau aber kamen Faltbootfahrer aus Deutschland und legten in Glainach an. Zum ersten Mal hörte ich von Ottakring und vom Ruhrgebiet. Für die Familie Ochs aus Wien wurde solcherart Glainach über fünfundzwanzig Jahre zur Sommerfrische. Herr Ochs, für die Dorfbewohner ist er immer der Herr Ochs geblieben, war Heurigensänger gewesen und spielte in unserem Gasthaus manchmal Harmonika und sang Lieder dazu, die uns sehr fremd vorgekommen sind. Wien war weit. Tagsüber durchstreifte er mit seiner Gattin die nahen Wälder auf der Suche nach Schwammerln. Am Ende des Sommers kehrten sie dann mit getrockneten Steinpilzen im Plastiksackerl nach Wien zurück.

Auf unserem Hof wurden im Dezember und Jänner die übers Jahr gemästeten Schweine von einem Nachbarn, der sich auf die Fleischhauerei verstand, geschlachtet und unter Ausnutzung der tiefen Temperaturen sogleich verarbeitet. Die Sau wurde in einem Holztrog mit siedend heißem Wasser übergossen und unter Zuhilfenahme von Kolophonium und Eisenketten gehaart. Anschließend wurden die beiden Hälften auf einem Dreimast aufgehängt. Die dampfende Leber wurde noch am selben Abend mit viel Zwiebel und Fett zur Praŭa verarbeitet; Hirn und Rückenmark waren besondere Spezialitäten und einer bäuerlichen Tradition entsprechend den Söhnen vorbehalten. So gewöhnte ich mich schon in frühen Jahren an diese cholesterinreichen Köstlichkeiten. Aus dem Blut, das ich aus dem von starken Burschen niedergehaltenen und wild zuckenden Schwein unter gleichzeitigem heftigen Rühren einfangen musste, wurden Blutwürste gemacht. Die Harnblase verwandelte der Schlächter für uns Kinder in einen Luftballon. Aus Schädel, Beinen, Lunge, Milz wurden unter Beifügen von Rollgerste und ungesäuertem Brot Maischel zubereitet, die sodann auf unserem Tanzboden bei offenem Fenster tiefgefroren wurden. Sie bestimmten wochenlang den heimischen Speisezettel: warmer Hadensterz und Malzkaffee für die Frauen, Maischel, Blutwurst und Sauerkraut für die Männer. Ich entschied mich meist für Sterz mit Grammerln und Milch zum Frühstück und Maischel zum Mittag- oder Abendessen.

Am Abend des Schlachttages zerteilten die Nachbarsfrauen die riesigen Speckschwarten, die sodann in wannenartigen Gefäßen auf dem Herd zerlassen wurden. Eine besondere Spezialität waren die heißen Grammerln, die fetttriefend und brennheiß mit viel Salz und Schwarzbrot gegessen wurden.

Nach der sorgfältigen Reinigung der Gedärme in der nahen Drau ging man an die Herstellung der Würste. Was nicht alsbald als Bratwurst verzehrt wurde, fand seinen Weg, gemeinsam mit Speck und Schinken, in die mit Eichenholz und Wacholderwurzeln beheizte Selchkammer. Vorher musste das rohe Fleisch im mächtigen Holzbottich vier Wochen in der Sure liegen. Fichtenbretter und schwere Flusssteine hielten die Teile in der Brühe aus Pökelsalz und Pfefferkörnern, Lorbeerblättern und Wacholderbeeren, Knoblauch, Schalotten und anderen Gewürzen. Der Schinken – er wog wohl immer so an die sieben, acht Kilo – wurde schließlich am Karsamstag in der Kirche gesegnet, danach auf geweihtem Feuer stundenlang gekocht, am Nachmittag vom Pfarrer gesegnet, um am darauffolgenden Tag mit viel Kren, Ei und Pohaèa an die Stammgäste und Nachbarn verteilt zu werden. Der Vorrat an harten Würsten und Speck reichte gewöhnlich noch bis zum Herbst.

Einmal in der Woche gab es frisches Schwarzbrot, das meine Mutter in mächtigen Laiben im Ofen, der gleichzeitig das Gastzimmer heizte, gebacken hatte. Das Brot, aber auch die Würste und der Speck schmeckten in jedem Haus unseres Dorfes anders; jede Familie hatte ihre speziellen Rezepturen und Zutaten. Ich mochte ganz besonders die Jause bei unserem Nachbarn Kramer. Die speckige Konsistenz des Brotes rührte vom Erdäpfelteig, den die Bäuerin dem Roggen- und Weizenmehl beigemengt hatte.

Die Jause meiner Mitschüler in der Volksschule bestand in der Regel aus großen Stücken Schwarzbrot mit Speck oder einer kräftigen Schicht Grammelschmalz – mazi, „Schmiere" auf Slowenisch. Es war im September 1953, als ich in unsere Dorfschule eintrat, die erst seit einem Jahr zweiklassig war. In die erste Klasse gingen die Sechs- bis Zehnjährigen aus den umliegenden Dörfern Otrouca, Tratten, Unterglainach, Dörfl, Seidolach, Laak und eben Glainach.

In die zweite Klasse gingen die Elf- bis Vierzehnjährigen. Hauptschule oder gar Gymnasium waren weit weg in Ferlach und Klagenfurt. Nur Gisela, die später als erste Frau den Männergesangsverein Alpenrose in Ferlach leiten sollte, besuchte die Lehrerbildungsanstalt in Klagenfurt, wo sie bei einer Tante wohnen konnte. Ein Universitätsstudium schien völlig unvorstellbar. Wie es in der vielhundertjährigen Dorfgeschichte der außerordentlich begabte Keuschlersohn Franz Wieser in den Dreißigerjahren geschafft hatte, ins Gymnasium zu gelangen und später sogar Medizin zu studieren – er brachte es in Klagenfurt zum Chef der HNO-Abteilung –, schien uns rätselhaft. „Der Primarius" war in meinen Kindheitstagen so etwas wie ein Außerirdischer im Glainacher Kosmos, der Medizinmann der Gemeinde. Mit seiner schönen Frau aus gutbürgerlicher Klagenfurter Familie und den politischen Verbindungen „bis zum Landeshauptmann", der in der Tat und zum allgemeinen Staunen der Glainacher einige Male ins Dorf gekommen war, repräsentierte er für uns das Unerreichbare.

Meine Eltern teilten die damals auf dem Land verbreitete Meinung, dass es schlecht sei, wenn ihr Sohn bereits vor Schuleintritt lesen und schreiben lernte. Daher wurden meine Versuche, die *Volkszeitung* – einmal die Woche kamen auch der *Kärntner Bauer* und das *Kirchenblatt* – schon vor dem Schuleintritt zu enträtseln, wegen der angeblich schädlichen Wirkung zu früher Lesekenntnis unterbunden. Auch später wurde allzu exzessiver Leseeifer unter Hinweis auf die teure Elektrizität einfach abgedreht.

Mich aber faszinierten Abenteuergeschichten, wie ich sie damals nur in den so genannten Schundheftln finden konnte. Wir Kinder lasen und tauschten *Rolf Toring* und *Jörn Farrow* und waren gefesselt von den Geschichten, die den Zweiten Weltkrieg in die Gegenwart verlängerten. Die Stadtkinder brachten bereits Comics wie *Micky Maus* ins Dorf; *Akim* und *Tarzan* informierten uns über den phantasierten Dschungel anderswo.

In der Schule aber sollten wir vom wirklichen Leben erfahren. Der Pfarrer erklärte uns Gott und die Welt anhand des Lebens

Jesu. Zwischendurch gab es Schläge mit dem Lineal oder Ohrfeigen, aber die kannten wir schon von zuhause. Der Lehrer war für das ABC und das kleine Einmaleins zuständig; beide bemühten sich redlich, aus uns gute Arbeiter, Bauern und Staatsbürger zu machen.

Als ich in den Fünfzigerjahren zur Volksschule ging, wurde in unserem Dorf hauptsächlich Slowenisch gesprochen. Mit meinen Eltern unterhielt ich mich auf Deutsch, mit meiner Großmutter auf Slowenisch. So bin ich in beiden Sprachen aufgewachsen. Überhaupt sprachen die Älteren nur Slowenisch, wir Jungen aber wechselten mit Leichtigkeit zwischen den beiden Dialekten. Hingegen wurden uns in der Schule die beiden Hochsprachen beigebracht. Unser slowenischer Dialekt mit seinem reichen bäuerlichen Wortschatz wurde nunmehr durch die slowenische Schriftsprache ergänzt. Zu den Begriffen des täglichen Lebens kamen Vokabeln, die meine Eltern nicht kannten. Dass „Beistrich" im Slowenischen „vejica" heißt, amüsierte meine Mutter, die dabei an den „kleinen Ast" denken musste. Meine Großmutter aber verwendet auch heute noch die subtile Unterscheidung zwischen „kleinem Hund" und „großem Hund", indem sie „uzi" oder „pes" sagt. Und das „faule Ei" heißt in unserer slowenischen Dorfsprache ganz einfach „uopuc".

Sprache beschreibt aber auch den Wandel der Autoritätsverhältnisse in unserem Dorf.

Während ich meine Großmutter – slowenisch und deutsch – duze, differenziert mein Vater noch immer zwischen dem formellen slowenischen „Vi" und dem familiären deutschen „Du".

Dieser sprachliche Reichtum unseres Dialektes wird allenthalben noch immer als Defekt empfunden. Für meine Großmutter, die ihr nunmehr fünfundneunzigjähriges Leben lang nur Slowenisch gesprochen hat und für die jeder deutsche Satz eine körperliche Anstrengung bedeutet, ist ihr eigenes Idiom auch heute noch eine „hrda špraha".

Diese angeblich „schieche Sprache" aber hatte ihrem Sohn bei

Kriegsende das Leben gerettet. Auf der Flucht, weg von der zusammengebrochenen Balkanfront, war er irgendwo in der Nähe von Völkermarkt mit einer kleinen Gruppe unversehens einer schwer bewaffneten Partisanin gegenübergestanden, die ihn – auf Serbisch – anherrschte, wohin sie den wollen. „Idemo domu" – „Wir gehen nach Hause" – war die spontane Antwort meines Vaters. Der verstörte Haufen konnte ohne weiteres den Heimweg fortsetzen. Er hatte sich in den Kriegsjahren ohne Schwierigkeiten die dem Slowenischen verwandten Sprachen der Kroaten, Serben, Montenegriner und Bosnier angeeignet.

Auch in Glainach ist der Wandel von der Dorfgesellschaft zur beliebigen Entfremdung vom eigenen Leben scheinbar ganz natürlich passiert. Die über Jahrhunderte gewachsene bäuerliche Kultur – niemals einfach, selten romantisch –, die eigene Sprache, die die Dinge des täglichen Gebrauchs präzise benennt (und dennoch zweisprachig ist), die karge Architektur der Behausungen, Scheunen, Schweineställe und Bienenhäuser, die Obst- und Hausgärten meiner Kindheit – dieses Leben auf dem Dorf ist wohl endgültig und irgendwie ohne Bedauern verschwunden.

Mit sechs Jahren sah für mich die Glainacher Welt freilich noch anders aus. Mein Schulweg war sehr kurz, er führte nur wenige Schritte am Hausgarten vorbei ins Klassenzimmer. Für die meisten meiner Mitschüler war der Anmarsch länger. Dennoch musste auch ich täglich früh aufstehen, um rechtzeitig zum Ministrieren in der Kirche zu sein. Besonders hart war es im Dezember, wenn die Rorate-Messen bereits um sechs Uhr Früh begannen und Finsternis und klirrende Kälte nur die Gläubigsten aus den Häusern lockten. Dafür gab es zwanzig Schilling im Monat. Vor der Auszahlung im Pfarrhof überprüfte unser Pfarrer, ein würdiger, aber äußerst schwerhöriger Greis, die Kenntnisse der lateinischen und slowenischen Liturgietexte. Ich beherrschte ohne viel Verständnis das „Confiteor"; das „Oče nač" schien mir mit der Bitte ums tägliche Brot lebensnaher. Meine weniger kenntnisreichen Freunde bezogen pro „Hänger" empfindliche finanzielle Abschläge, die vom Pfarrer penibel festgelegt wurden und das Honorar nicht selten auf die Hälfte zusammenschrumpfen ließen. Der Höhepunkt meiner Ministrantenzeit war zweifellos die in unserer Pfarre nur alle heiligen Zeiten stattfindende Firmung. Ich durfte die Mitra des Bischofs Köstner tragen, eine ziemlich einmalige Auszeichnung für einen Glainacher Buben. Dafür gab es dann aber auch extra Geld. Genauso wie bei Taufen, Begräbnissen und Hochzeiten, die bei uns Ministranten immer sehr begehrt waren, brachten sie doch eine nicht unbeträchtliche Aufstockung des Taschengeldes. Das Austragen des heiligen Feuers am Morgen des Ostersamstags, das „Schappen" am 28. Dezember, dem „Tag der unschuldigen Kinder", boten weitere Verdienstmöglichkeiten für die Dorfkinder. Nur einmal bin ich an so einem kalten Dezembertag bis in die Ferlacher Werkstätte meines Vaters vorgedrungen. Mir brachte diese „Grenzüberschreitung" von seinen amüsierten Arbeitskollegen viel Geld, von ihm aber das strikte Verbot, dies jemals wieder zu wagen.

Die meisten meiner Mitschüler stammten aus Bauern- und Keuschlerfamilien, wenige wurden später tatsächlich Landwirte. Der Bauernhof als Nebenerwerbsbetrieb wurde in den „langen Fünfzigerjahren" zur raschen Tatsache. Schließlich lockte der Bau, denn Maurer konnten viel mehr verdienen als Bauern. Die KESTAG in Ferlach, der einzige verstaatlichte Betrieb im südlichen Kärnten, bedeutete für viele Burschen sichere Arbeit in der prosperierenden eisenverarbeitenden Industrie. Auch das traditionelle Büchsenmacherhandwerk bot immer noch gute, wenngleich schlechter bezahlte Arbeitsplätze. Die Mädchen wollten ihr eigenes Geld verdienen und gingen „in Saison" an den Wörthersee, nach Tirol oder gar bis in die Schweiz.

Aber nicht nur die Bauernkinder suchten ihren Gelderwerb außerhalb des Dorfes oder als Gastarbeiter im Ausland. Auch die Glainacher Mägde und Knechte wanderten in andere Berufe ab. Das galt im Besonderen für jene Burschen, die während oder kurz nach dem Krieg als Zwangsarbeiter oder Flüchtlinge bei den

Glainacher Bauern Unterschlupf und Kost gefunden hatten. Aus Jugoslawien und Polen, sogar aus der Ukraine wurden sie nach Glainach verschlagen, das vordem über Jahrhunderte hinweg keine Fremden beherbergt hatte. Die letzten waren wohl die Türken gewesen, die im 15. Jahrhundert das Rosental verwüstet hatten. Denkbar auch, dass den Officiers der Napoleonischen Armee das Rosental gut gefallen hat. Nur so viel aber scheint sicher: Keiner ist lang geblieben.

Selbst die Soldaten des gerade erst entstandenen südslawischen Vielvölkerstaates, der die Nordgrenze bis an die Drau vorschieben wollte – immerhin lebte nördlich der Karawanken eine vorwiegend Slowenisch sprechende Bevölkerung –, kamen 1919 nicht bis Glainach. Mit einem einzigen Maschinengewehr, aufgestellt vor unserem Haus, das damals die Landwehr beherbergt hatte, konnte man die Eindringlinge zum Rückzug zwingen, wurde erzählt.

Erst Hitler gelang, was so offensichtlich weder den Osmanen noch den Franzosen oder gar den Serben gelungen war. Nestor und Roman kamen aus Polen, Viktor war Russe, eigentlich stammte er aus der Ukraine. Adolf war 1945 aus Jugoslawien geflüchtet und wurde von meinem Großvater als Knecht eingestellt.

Und da waren die Rasinger. Die Familie – der Vater war bald gestorben, die Mutter musste ihre beiden Söhne allein aufziehen – kam aus Raibl in Italien und hatte für Großdeutschland optiert. „Zur Stärkung des Deutschtums im Süden des Reiches" wurden die Kanaltaler in der gerade frei gewordenen Keusche der vertriebenen Familie Magedin einquartiert. Mitte April 1942 war nämlich auf Befehl des Dritten Reiches und unter tatkräftiger Hilfe lokaler Nazi-Größen die „ethnische Säuberung" Südkärntens – welch aktuelles Wort – in die schreckliche Tat umgesetzt worden. Gemeinsam mit anderen Familien sollten auch unsere Nachbarn vulgo Huber und Kramer „ausgesiedelt" – vertrieben – werden. Die beiden Höfe wurden in letzter Sekunde von der Liste gestrichen. Statt ihnen mussten zwei Keuschler aus Unterglainach und Seidolach den Weg ins Lager irgendwo im „Altreich" antreten.

Der Seidolacher Besitz der Familie Schaschl blieb bis zum Kriegsende leer. (Viel später sollte meine Schwester den Enkel des Opfers heiraten.) Während fünf Familienmitglieder der Magedin aus Unterglainach „zur Eindeutschung" von ihrer Keusche vertrieben wurden, hatte dasselbe Regime den unehelichen Sohn als Offizier des Deutschen Reiches mit dem „Eisernen Kreuz" ausgezeichnet. Wenig später ist er am Balkan gefallen. Seine vertriebene Familie kehrte nach Kriegsende in ihr Heim zurück; die Optanten mussten wieder umziehen und konnten kurzzeitig beim Nachbarn unterkommen. Später fanden sie in Unterloibl, dann im Betonviertel in Ferlach eine Werkswohnung; schließlich baute man in Dollich ein bescheidenes Eigenheim. Die Rückkehr ins Kanaltal war ausgeschlossen.

Unerwünscht im nunmehr demokratischen Italien hat diese Familie als zweifach Betrogene einer menschenverachtenden Ideologie in Ferlach eine zweite Heimat gefunden.

Diese dürren Fakten über die Vertreibung unserer Nachbarn vermochte ich freilich erst nach und nach und manchmal nur auf insistierendes Fragen herauszufinden. Denn auch in Glainach ging man nach dem Krieg alsbald zur Tagesordnung, genannt Wiederaufbau, über. Nazi und Slowene, Ortsbauernführer und Vertriebener, Soldat und Partisan lebten wieder Tür an Tür, scheinbar wie früher. Über das am Nachbarn begangene Verbrechen, das man geduldet oder sogar ermöglicht hatte, wurde nur sehr kryptisch gesprochen. Da erzählte man am Wirtshaustisch bei uns in der Küche schon bereitwilliger über die Kriegsabenteuer in Narvik oder am Balkan. Und beklagte, zumeist im slowenischen Dialekt – wenn schon Heimat –, die Verbrechen der Partisanen, spekulierte über die Verschleppung und schreckliche Ermordung des Ferlacher Nazi-Bürgermeisters, eines entfernten Verwandten unserer Familie. Das nahe KZ am Loibl schien sofort und völlig in Vergessenheit geraten zu sein. Über die tatsächlichen Ursachen von Krieg, Vertreibung und Vernichtung, über die politischen Zusammenhänge und persönlichen Verstrickungen, über den schieren Zusammenbruch des menschlichen Anstandes aber, der diese ungeheuerliche Tragödie erst zugelassen hatte, herrscht auch heute noch hauptsächlich Schweigen, Verdrängung oder einseitige Schuldzuweisung.

Dies alles war mir selbstverständlich nicht bewusst, als mich jene Witwe aus dem Kanaltal, die ich Ena nannte, in meinen ersten Monaten und Jahren wie eine Mutter umsorgte. Während meine damals noch ledige Mutter praktisch allein den väterlichen Hof und das Gasthaus führen musste, bin ich bei der Italienerin aufgewachsen. Alles, was zuhause nicht zu haben war – Zeit, Zuwendung, Zuhören –, habe ich von ihr, meinem Lebensmenschen, bekommen. Später, als ich schon älter und sie schon längst woanders war, habe ich sie immer wieder aufgesucht und sie in mein innerstes Vertrauen gezogen.

Nach vier Jahren Volksschule stand die Entscheidung über meinen weiteren Bildungsweg an und meine Eltern entschieden sich für die mit dem Postautobus leicht erreichbare Hauptschule in Ferlach. Mein Lehrer wollte zwar den „gscheiten Buam" nach Klagenfurt ins Gymnasium schicken, doch niemals zuvor war jemand aus unserer Familie so weit weg in die Schule gegangen. Immerhin wurde es der A-Zug der Hauptschule. Das aber bedeutete früher aufstehen; das Ministrieren war nur noch am Wochenende möglich. Auch die tägliche Mithilfe im Gasthaus – Holz tragen für den großen Sparherd, das Versorgen der Schweine und Hühner, den Hof kehren – kam zu kurz. Dafür übernahm ich den Einkauf in den Ferlacher Kaufhäusern und das wöchentliche Tabakfassen. In den Sommerferien hieß es im Gasthaus bedienen. Das Jahr hatte seinen fest gefügten Arbeitsrhythmus: Im Frühling wurde in Wald und Au Holz gemacht, im Sommer bei der Heuernte geholfen – wenden, rechen, aufladen, auf dem Heuboden treten –, für die Schweine und die Kuh meiner Großmutter mussten das Gras gemäht und die Runkelplotschen gepflückt werden. Im September wurden die Erdäpfel und die Rüben eingebracht. Der Buchweizen – gemahlen und mit wenig Wasser vermengt war es der tägliche Hadensterz – musste noch den Novembernebel erleben, ehe er geerntet wurde. An den länger werdenden Herbstabenden traf sich schließlich das Dorf zum „Türkenfedern" auf den Tennenböden.

Das ganze Jahr über aber hieß es unzählige und oft lästige Besorgungen für den Gastbetrieb zu machen – so schien es mir jedenfalls. Denn diese Zeit fehlte mir beim Schifahren auf der Glainacher Wiese oder beim Fußball in Ceden, für meinen dalmatinischen Esel Ali, genauso wie beim Fischen in der Au oder beim Baden im Dörfler Teich.

Die endlosen Sommer meiner Glainacher Kindheit aber gehörten vor allem der Drau. Mit einer Luftmatratze oder einem alten LKW-Schlauch ausgerüstet stürzten wir Kinder uns kopfüber in die wildesten Stromschnellen des damals noch ungezähmten Flusses. Die eisigen Wassertemperaturen zwangen uns immer wieder zur Rast auf den glühendheißen Sandbänken, die wir hlinca nannten. Der Name meines Dorfes Glainach rührt daher. Später kaufte ich mir um wenig Geld ein altes Faltboot und befuhr mit meinen Freunden die damals noch kraftwerkfreie Drau zwischen Osttirol und der jugoslawischen Grenze. Auf dem Isonzo in Slowenien habe ich dann – das aber war schon viele Jahre später – den Kajaksport endgültig aufgegeben, nachdem ich in kurzer Zeit gleich zweimal gekentert war. Das in meiner Kindheit so selbstverständliche Gespür für die Tücken der Felsen und des Wassers hatte mich endgültig verlassen.

Die vier Hauptschuljahre waren rasch vergangen. Nun galt es die Berufsentscheidung zu treffen, und ich wusste nicht, was ich wirklich wollte. Mein Vater war gegen die Büchsenmacherlehre, er plädierte für die KESTAG: Werkzeugmacher werden immer gebraucht, dazu ein sicherer Arbeitgeber – der Staat eben –, was wollte man mehr? Da könnte ich nebenbei ohne weiteres noch das elterliche Gasthaus übernehmen; wenn man nur eine fleißige Frau, wie er eine hatte, heiratet. Ich trat zur Aufnahmsprüfung für Lehrlinge des eisenverarbeitenden Betriebes in Ferlach an, bestand

– und ging dann doch in die Lehrerbildungsanstalt nach Klagenfurt.

Als meine Mutter wenige Tage vor Schulbeginn im Kaufhaus Herbst in Klagenfurt für mich einen dunklen Anzug samt Krawatte zum Binden und einen olivgrünen Nylonmantel auswählte, spürte ich, dass sich in meinem Leben irgendetwas unwiederbringlich geändert hatte. Ich kam mir auf einmal ziemlich erwachsen vor ...

Der Riss der Zeit

VON HELENE MAIMANN

„Der Riß der Zeit geht durch mein Herz"
Heinrich Heine

Mit dreizehn begann ich die Welt meiner Kinderbücher zu verlassen und in die Buchregale der Eltern zu greifen. Ich las eher heimlich, ganze Nachmittage, bäuchlings auf meinem Bett, lange Stunden bis tief in die Nacht hinein, die Mutter musste mich mahnen, das Licht abzudrehen. Ich las alles, querbeet, unbegleitet und maßlos. Schnitzler, Zola, Dickens, Zweig. Dabei fielen mir zwei Bücher in die Hand: „Die Bastionen fielen" von G.E.R. Gedye, in dem er die Pogrome in Wien kurz nach dem Anschluss beschrieb. Und ein Roman von Hertha Ligeti, „Die Sterne verlöschen nicht". Er fing in Wien an und endete in Auschwitz.

Der Krieg lag noch nicht einmal zwanzig Jahre zurück und war eine nebelverhangene Zone, von der ich wenig wusste, von der man kaum sprach, über die wenig Fragen gestellt wurden. Was ich da las, erschreckte mich und schlug mich in Bann. Diese Wellen der Ohnmacht und Gewalt, Demütigung und Vernichtung, die da über den Juden zusammengeschlagen waren, wie war das zu verstehen? Warum hatten sie das hingenommen, hatten sich einfach abführen lassen, warum waren sie nicht nach irgendwohin gegangen, wo es wirklich sicher war? Was war mit den Nachbarn geschehen, woher kam plötzlich dieser Hass? Was war da übersehen worden, gab es keine Warnung? Wieso haben alle zugeschaut, auch die Engländer, die Amerikaner? Meine Mutter gab zögernd Auskunft, erklärte das Nötigste, sehr zurückhaltend. Mir war, als hätte ich verbotenes Land betreten, ein Geheimnis erfahren, das besser unentdeckt geblieben wäre.

Meine Welt bekam einen Riss. Die freundliche Milchfrau in

der Zöppelgasse, die Nachbarn, meine Klavierlehrerin, der Klassenvorstand, die Eltern meiner Freundinnen – was wussten sie über diesen Vernichtungszug, was wussten sie über mich? Niemand sprach je das Wort *Jude* aus. Alle taten so, als gäbe es keine. Als wäre nichts geschehen.

Dann ging ich eines Sonntags mit meinem Vater und einer Schulfreundin in eine Matinee der Urania. Evas Vater hatte das KZ überlebt, wir hatten die gleichen Fragen, über die wir nur in Andeutungen miteinander sprachen. Wir sahen einen polnischen Film, „Der Kanal", über den Ghettoaufstand in Warschau. Schwarzweiß, ein Spielfilm. Ich war bestürzt und fasziniert. Es war schrecklich und spannend und völlig irreal. Der Saal war voll, und als das Licht wieder anging, weinten die Leute, auch mein Vater. Er sagte, ja, so war es. Die Menschen verließen schweigend das Kino, auch wir. Eva und ich wagten nicht, an etwas zu rühren, worüber offensichtlich niemand reden wollte. Wir wollten auch nicht.

Auch später, in der Schwimmsektion der Hakoah, war das Schicksal der Eltern und Großeltern kein Thema. Es gab nur eine kurze Verständigung über das Zuvor der Familie. Emigration oder Deportation? Wir ließen wenig an uns heran, redeten nicht über unsere Gefühle. Es war uns auch kein Problem, denn niemand betrieb damals Selbsterforschung, wie das später gang und gäbe wurde, am allerwenigsten Jugendliche. Wir waren alle *Nachgeborene*, ohne Lust, uns umzudrehen und in den Hades hineinzuschauen. Aber man war militant, wenn vonnöten. Einmal, in den Weihnachtsferien am Semmering in der Hakoah-Hütte, hörten wir, dass im Schwimmbad des Hotel Panhans zwei Gäste einschlägige Bemerkungen über die anwesenden Juden machten. Die Burschen gingen wortlos hinunter, um „die Nazis zu verprügeln". Die Sache endete vor Gericht, was sie noch ehrenhafter machte. In der Hakoah hatte man mit Religion nicht viel am Hut, dafür mit Wehrhaftigkeit. Sie war zwar nur mehr ein Schatten des einst ruhmreichen jüdischen Sportklubs, aber die Tradition gebot, sich nichts gefallen zu lassen. Was dreißig Jahre zuvor war – der Blick zurück blieb am Dazwischen hängen.

Auch ich war abgeschnitten von diesem Davor, das mit dem Danach nichts zu tun hatte. Über das Dazwischen wusste ich nur Bruchstücke. Die Großeltern waren während des Ersten Weltkriegs nach Wien geflüchtet, aus Galizien und der Bukowina. Sie waren sehr arm, aber das waren viele. Die Kindheit der Eltern endete im März 1938. Mein Vater kam mit fünfzehn nach England, mit einem Kindertransport. Seine Schwester ging nach Palästina, sein Bruder wurde nach dem Novemberpogrom in Dachau inhaftiert und konnte später auch nach England entkommen. Meine Mutter erhielt wenige Wochen vor Kriegsausbruch ein *permit* nach England. England war das gelobte Land, die rettende Insel. Der Vater ging blutjung in die britische Armee, um gegen die Nazis zu kämpfen. Als er als Besatzungssoldat nach Wien zurückkehrte, fand er heraus, dass von den Älteren seiner Familie und der der Mutter niemand überlebt hatte.

Die Fotos meiner beiden toten Großmütter standen im Schlafzimmer der Eltern, auf der „Psyche", dem Frisiertisch. Sie schauten mich an, ein sanftes Gesicht und ein herbes, und ich erfuhr wenig über sie. Die Eltern verloren über ihre Mütter kaum ein Wort, und wenn, dann äußerten sie tiefen Schmerz und Schuldgefühle, weil sie sie nicht hatten „herausholen" können. Ich wagte mir nicht vorzustellen, wie sie umgekommen waren. Alles, was mit Juden und Wien zu tun hatte, war beklemmend und düster. Am besten, man gab sich nicht zu erkennen. Wir lebten auf engem sozialen Raum, die Eltern hielten Distanz zur Religion und zur Kultusgemeinde, hatten wenig Kontakt zur *Außenwelt* und bewegten sich fast nur unter Rückkehrern. Sie hofften auf die Lernfähigkeit der Menschen und auf Normalität. Sie versuchten alles, damit sich ihre Kinder nicht als Außenseiter fühlten, sich nicht als *anders* erlebten. Auf dem Programm stand Assimilation.

Äußerlich unterschied sich mein Leben kaum von dem der anderen Kinder, außer dass ich keine Großeltern hatte und auch sonst keine Verwandten in Wien und dass ich nicht in die Kirche ging (bis auf den Kinderweihnachtsgottesdienst, da sang ich mit). Zuhause gab es das Gleiche zu essen, die Nachbarskinder kamen zu uns fernsehen, wir gingen zu ihnen spielen, Krapfen zum Fasching, am Muttertag Tulpen und Torte, Schikurs bei den „Naturfreunden", Badengehen an der Alten Donau und im Sommer zwei Wochen Faaker See, später Caorle, Rimini oder Igea Marina. Auf den Fotos, die zu meinem fünften Geburtstag aufgenommen wurden, trage ich eine Lederhose mit herzförmigem Oberteil und ein Käppchen auf dem Bubikopf, bestickt mit Edelweiß und Kärntner Wappen. Wir waren Österreicher, und alles andere war Privatsache.

Doch es gab Zwischenwelten, in denen sich die Erinnerungen und Gefühle der Eltern manifestierten. Der Vater brachte Schallplatten nach Hause: „Chansons folklorique yiddish" von Theodore Bikel, chassidische Lieder, die großen amerikanisch-jüdischen Bühnenstars: Mickey Katz, die Andrew Sisters, die Barry Sisters, Sophie Tucker. Die Lieder wurden mitgesungen, mit der Zeit konnte ich fast alle auswendig. Manchmal sang der Vater Couplets von Armin Berg – „Im Sommer, wenn es heiß ist wie immer" – und ich hörte von meiner Großmutter, der Schneiderin, die Kostüme für das jüdische Theater beim Nestroyplatz genäht hatte. Am Sonntag, nach dem Mittagessen, wurde Joseph Schmidt aufgelegt, „Tiritomba" und „Heut ist der schönste Tag", und die Geschichte seiner imposanten Sängerkarriere und seines Endes in einem Schweizer Flüchtlingslager wurde immer wieder erzählt, eine Art familiäre Passionsgeschichte.

Aber „meine Juden" waren nicht die Schtetl-Juden und auch nicht die Juden aus dem Zwischenkriegs-Wien. Meine Juden waren die alten Judäer, über die ich bei Lion Feuchtwanger las, Flavius Josephus vulgo Josef Ben Matthias vor allem, und die Zeloten von Masada. Die eigensinnigen Widerständler gegen die Römer. Juda Ben Hur beschäftigte meine Phantasie, nicht Tewje der Milchmann. Die kühnen Helden, nicht die wendigen Überlebenskünstler. Als ich las, dass Kirk Douglas, Spartacus also, Jude sei, war ich überrascht und stolz – so also konnten *wir* sein! Als ich zum ersten Mal nach Israel kam, nach der Matura, sah ich dann die jungen Frauen und Männer auf der Straße, aufrecht, arrogant, mit kühlem Blick, in Khaki-Shorts und offenen Hemden, die langen braungebrannten Beine in knappen Stiefeln, die Uzi lässig umgehängt. Ich war eingeschüchtert und hingerissen. So also konnten Juden sein! Sie sahen aus wie im Film „Exodus".

Die Wiener Universität konfrontierte mich dann erstmals mit einem sich wie selbstverständlich gebärdenden Antisemitismus. Unter den Professoren gab es viele *Ehemalige*, das war bekannt, die Stimmung in diversen Studentenzirkeln war „völkisch", in der Aula lag ein markanter Soldatenkopf, um den sich die Burschenschafter gern versammelten, und es wurden unbekümmert untergriffige Töne verspritzt, nicht einmal besonders aggressiv, es gehörte zur Folklore. Das Wort *Jude*, das ich hier plötzlich hörte, war ein Schimpfwort, das anständige Leute nicht über die Lippen brachten. Jude zu sein hieß offensichtlich, ein Kainsmal auf der Stirn zu tragen.

Persönlich traf es mich nicht. In meinen Studienjahren wurde ich kein einziges Mal auf meine Herkunft und das Schicksal meiner Familie angesprochen, weder am (gewiss nicht antisemitisch geprägten) Institut für Geschichte, wo man über mich sehr wohl Bescheid wusste. Und auch nicht in den Studentengruppen, denen ich mich später anschloss. Mein Freund, aus einer katholischen bürgerlichen Familie, hatte eine jüdische Oma, die den Krieg durch ihre Ehe mit einem Christen in Wien überstanden hatte, er wurde herzlich von meiner Familie aufgenommen und wusste von der Emigration der Eltern – aber wir redeten nie darüber. Ich erzählte ihm nie, wie meine Großmütter umgekommen waren. Er fragte auch nicht nach ihnen. Es gab den Vietnam-Krieg, den Schah von Persien, Francos Spanien, Pinochets Chile, Stalins Vermächtnis in Osteuropa, die autoritäre Professorenherrschaft, den verbalen Kampf gegen alles, was „faschistisch" war. Es gab hin und wieder wilde Prügeleien mit Neonazis. Aber alles, was mit Juden und der Judenvernichtung zu tun hatte, wurde nicht berührt – aus Angst, aus Scham, aus Schuldgefühl, aus Verlegenheit. Alle wussten, aber es war eine Art Geheimwissen, fragmentiert, zerniert, das jeder mit sich trug und über das es keinen öffentlichen Diskurs gab.

Ich las viel in dieser Zeit, über Geschichte und Kultur des Judentums, „Weit von Wo – Verlorene Welt des Ostjudentums" von Claudio Magris, die Erinnerungen von Manès Sperber, vor allem „Die Wasserträger Gottes", Wegweiser in die Welt meiner Großväter und Großmütter, und alles, was ich über Nationalsozialismus und *Endlösung* in die Hände bekam, es war wenig genug. Im Sog der deutschen Studentenbewegung erschienen jede Menge Bücher zum „deutschen Faschismus", die wir eifrig rezipierten, Faschismustheorien waren ein beliebter Diskussionsgegenstand. Ökonomie und Klassenstruktur, Gesellschaftliche Ursprünge des Faschismus, Die formierte Gesellschaft, Die autoritäre Persönlichkeit. Die Rassenpolitik der Nazis und ihre Umsetzung kamen darin einfach nicht vor.

Viele Linke entwickelten einen eigenen Antisemitismus, der sich Antizionismus nannte, die Palästinenser feierte und eine weitere Auseinandersetzung mit der Erbschaft ihrer Eltern erübrigte. Juden hatten Opfer zu sein, wehe, wenn sie „Täter" wurden. Sie hatten gute Menschen zu sein, so als ob die Vernichtung für die Überlebenden und ihre Nachkommen eine läuternde Prüfung gewesen sein müsse. „Meine" jungen Juden mit der Uzi über der Schulter waren auf einmal „Nazis". Trug ich eine Halskette mit einem Davidstern, wurde ich streng zurechtgewiesen – wie könne man sich nur das Zeichen eines imperialistischen, ja sogar faschistischen Landes umhängen? Ich erwiderte nicht, dass mit diesem Stern am Mantel meine Großeltern durch die Straßen Wiens geführt und deportiert worden waren. 1975, als die Linke den Massenmord des Pol Pot-Regimes in Kambodscha herunterspielte und die Kreisky-Wiesenthal-Affäre mit eisigem Schweigen quittierte, zog ich mich zurück.

Ich fuhr nach Spanien, nach Cordoba, wo ich die Statue des Maimonides besuchte, eigentlich Rabbi Moses Ben Maimon, genannt Rambam, geboren 1135 in Cordoba, gestorben 1204 in Kairo, begraben in Tiberias. Gelehrter, Mathematiker, Jurist, der bedeutendste Arzt seiner Zeit und der größte jüdische Religionsphilosoph des Mittelalters. Die Juden setzten ihm ein Denkmal mit den Worten: *Von Mose zu Mose war keiner wie Mose.* Maimonides war der mythische Stammvater der Maimons, germanisiert Maimanns, die heute aus Europa fast verschwunden sind. Da stand er auf der *Plazuela de Maimonides,* ein stolzer, aufrechter Mann mit Turban, und über ihn war mehr zu erfahren gewesen als über den Untergang meiner Großväter.

Das Schweigen über den Judenmord war also kein Privileg der *Anderen,* der Verdränger, Verleugner, Verharmloser, Arisierer, Ewiggestrigen. Auch die Anständigen, Wohlmeinenden schwiegen. Und auch wir, die säkularen Juden, wenn auch aus anderen Gründen. Wir schwiegen, weil wir niemandem mit unserem Sonderschicksal auf die Nerven gehen wollten. Weil es uns von den Gleichaltrigen trennte. Weil wir jung waren und das Leben genießen wollten. Weil die Zeiten spannend waren und Jimi Hendrix sowieso ganz neue Türen öffnete. Weil wir ja sonst noch allerhand waren, im Jüdischsein erschöpfte sich schließlich nicht das Leben. Weil wir einen Weg suchten, unser Judentum jenseits der Verachtung, Verfemung, Verfolgung, Vernichtung zu leben. Weil wir uns nicht nur über die Opfergeschichte der Juden definieren und unsere Identitäten, unsere Judentümer zwischen den Zuweisungen der jüdischen wie der nichtjüdischen *Establishments* etablieren wollten. Weil der Gedanke, dass man ebenso verraten und ausgerottet worden wäre, wäre man einige Jahre früher auf die Welt gekommen, unerträglich war. Weil man nicht wusste, wie man sich angesichts eines Pogroms verhalten würde – davonrennen, im Schreck verharren, auf die Knie zwingen lassen, die Straße waschen? Weil man brennende Scham und Ohnmacht fühlte, wenn man darüber nachdachte, was den Juden angetan worden war. Je mehr man sich auf das Wissen darüber einließ, umso stärker war die Verstörung. Als die ersten Dokumentarfilme über die Shoah zu sehen waren, musste ich mich zwingen hinzusehen und hinzuhören, und kann es bis heute keinem verdenken, der sich ihnen nicht aussetzen will.

Erst langsam, in den Achtzigerjahren, wandte ich mich der Kinderwelt meiner Eltern zu, ließ sie an mich heran. Ich fing an, das verwüstete jüdische Wien zu suchen, zu durchwandern, und lief durch ein Gräberfeld. Das Jüdische Jahrbuch von 1932 verzeichnet über viele Seiten hinweg hunderte Adressen: Schulen, Lehranstalten, Bibliotheken, Spitäler, politische Verbände, Landsmannschaften, Berufsschutzvereine, zionistische Organisationen, Wohltätigkeitskomitees, Jugendbewegte, Kindergärten, Ausspeisungen, Frauengruppen, Sportklubs, koschere Fleischbänke, Bäckereien, Weinkellereien, Restaurants, Theater. Dutzende Synagogen und Bethäuser. Alles enteignet, „arisiert", zerstört oder später umgewidmet. Der einzige Ort, der einen Zugang ermöglicht zu dem, was einmal die jüdische Gemeinde von Wien war, liegt hinter dem Einsertor des Zentralfriedhofs. Wenn ich da durchgehe, erfasst mich ein Gefühl des Verlusts und der Trauer. Der Riss der Zeit.

Wir gehen herum, sagt Robert Schindel, mit einer „vertilgten Mischpoche im Rucksack". Jüdische Österreicher, eine Identität, die im Kontext der Zweiten Republik nicht vorgesehen ist. Vor 1938 gab es fast 200.000 Juden in Wien, eine in sich vielfältige Gemeinde, angefeindet und dennoch akzeptiert. Fast alle bürgerlichen katholischen Familien hatten jüdische Anverwandte, und viele Juden ließen sich taufen, um einzugehen in den Himmel der Normalität. Die Juden waren eine Realität und keine Peinlichkeit. Österreich war ohne sie nicht vorstellbar. Ein jüdischer Österreicher zu sein, war eine selbstverständliche Identität, wenn sie auch oft Aversion auf sich zog. Man war eben ein Wiener Jud und kein „jüdischer Mitbürger", oder, wie Kurt Waldheim sagte, „jüdischer Compatriot".

In den letzten zehn Jahren hat sich einiges geändert, kein Zweifel. Es gibt das Museum, die Schulen, das Filmfestival, die Kulturwochen. Es gibt ein Publikum, das sich für jüdische Kultur und Geschichte interessiert. Die jüdische Gemeinde führt keine Schattenexistenz mehr, versucht nicht mehr zwanghaft, in Unauffälligkeit zu verharren. Es wird jede Menge Vergangenheit aufgearbeitet, gerade von Nichtjuden. Es erscheinen ununterbrochen Bücher, Ausstellungen, Filme. Es gibt die neue Synagoge in Graz, einer Stadt ohne Juden, und das Mahnmal auf dem Wiener Judenplatz. Eben ist die Restitution über die Bühne gegangen, ein längst überfälliger Akt der Selbstverständlichkeit, der als mühsam erreichtes Zugeständnis daherkommt. Wie die verlorene Ehre unserer Eltern und Großeltern zu restituieren wäre, ist der Republik keine Überlegung wert. Gleichzeitig überschreitet ein politisch gezielt gerichteter Antisemitismus die Grenzen der Salons.

Daneben läuft international seit Jahren eine immer heftiger werdende Debatte über Rückgabe, Entschädigung, Verstrickung, Verantwortung, Gedenken, Shoah-Business und Holo-Wahn, die kein Ende nehmen will. Inzwischen müssen wir unsere Familiengeschichten, die so mühsam aus dem Schweigen und Vergessen herausgeholt wurden, vor der öffentlichen Banalisierung bewahren. Die von so vielen ersehnte Katharsis wird es nicht geben. Was uns bleibt, ist Erinnern und das Nachdenken darüber, an welchem Bild wir eigentlich weben.

„Ich finde", sagte mir Robert Schindel einmal in einem Gespräch über den Traum von der Normalität, „dass ich gegenüber meiner vertilgten Familie eine Erinnerungsarbeit leisten muss, die darin besteht, dass ich sie aus der Namenlosigkeit herausnehme. Dieses Interesse am Erinnern kommt meinem Begriff von mir als Jude sehr nahe. Sich in Österreich als Jude zu bekennen und nicht religiös zu sein, bedeutet, du musst dich erinnern, musst eine Anstrengung machen, um über den Riss der Shoah hinweg ein Kontinuum zum Vorher herzustellen. Es bedeutet, der Assimilation

Widerstand entgegenzusetzen und es auszuhalten, ein anderer zu sein. Denn auch wenn dir die Leute hundertmal sagen „Du gehörst hierher" – wenn's darauf ankommt, gehörst du nicht hierher. Das auszuhalten, ist auch Widerstand."[1]

---

[1] *Der Standard* vom 3./4. März 1990

Heimat an der Grenze

VON FRANZ KOESSLER

Es gibt Orte auf der Welt, in denen der Begriff *Heimat* aus den Umständen der Geschichte heraus unmittelbar zur politischen Parole wird, das Gift steckt mit in der Blüte heimatlicher Gefühle. In einem solchen Ort bin ich geboren und dort habe ich meine Kindheit gelebt.

Mein späterer Schulweg, in einer kleinen Stadt, führte an einem marmornen Denkmal vorbei, der faschistischen Replik eines römischen Tempels, das mir damals riesig erschien und das heute auf fast lächerliche Dimensionen geschrumpft ist. Die Säulen stellen Liktorenbündel dar und die bronzenen Lettern auf dem Fries haben sich bis heute in mein Gedächtnis eingeprägt: *Hic patriae fines siste signa, hinc ceteros excoluimus lingua legibus artibus.*[2] Ich war gerade vom Gymnasium der Schweizer Jesuiten zurückgekehrt, um mich jetzt mit den Geheimnissen von Bilanzen und Handelsrecht vertraut zu machen, und wusste, mit einer gewissen Begeisterung für die lateinische Kultur, dass *ceteros* keineswegs wertfrei gemeint war – es konnte synonym auch mit *barbaros* übersetzt werden, und als Barbar bezeichnet fühlte ich mich denn doch beleidigt. Noch heute kann man auf einer apologetischen Seite im Internet lesen, dass *ceteros* absolut nicht verletzend gemeint sei, Mussolini hätte es mit eigner Hand an die Stelle des ursprünglich geplanten *barbaros* gesetzt: sensible Duce-Seele. Mich beunruhigte damals, dass *patria* offensichtlich negativ bestimmt werden musste, als Abgrenzung derer, die sich in Sprache, Staat

---

[2] „Hier sind die Grenzen der Heimat (des Vaterlands), hier setze die Markierung, von hier aus haben wir die anderen erzogen, in der Sprache, den Gesetzen und den Künsten." (Inskription auf dem Siegesdenkmal in Bozen)

und Künsten überlegen fühlten, von den anderen, denen man offen oder unterschwellig einen unterlegenen Grad der zivilisatorischen Entwicklung unterstellte. Die damals oft und heftig geführte Diskussion, wer denn zuerst dagewesen sei, schien mir ziemlich unergiebig angesichts der unübersehbaren Tatsache, dass wir jetzt eben alle da waren.

Die Nachkommen derer, die in dieser Sicht der Geschichte die barbarischen Tiroler zivilisiert hatten, konnte ich freilich nur mit Mühe kennenlernen. Unsere Unterrichtsstunden begannen eine Viertelstunde früher als die unserer italienischen Kommilitonen, sodass man sich auf dem Schulweg nie begegnete, und der gemeinsame Flur war durch eine Glastüre geteilt, die eine dicke Kette blockierte. Wir konnten uns beobachten, aber wir konnten nicht miteinander kommunizieren. Die Sprache des Staates, dessen Bürger ich war, musste ich nach den Jahren im Internat im Ausland in mühsamen Nachhilfestunden erlernen – moralisch unterstützt durch meine familiären Vorbilder. Mein Großvater war ein patriarchalisch selbstbewusster Bürger, der bis zu seinem Tod als einzige weltliche Autorität den österreichischen Kaiser anerkannte und die durchs Land ziehenden deutschen Truppen mit den Worten empfing: „In meinem Haus hängt das Bild des Kaisers und auf meinem Gut gibt es nur einen Führer – der bin ich." Die amtlichen Mitteilungen der faschistischen Behörden in italienischer Sprache warf er ungelesen in den Papierkorb – aus Prinzip. Aber seine Söhne hatte er, seinen geschäftlichen Interessen folgend, zum Sprachenlernen nach Italien und Frankreich und England geschickt. So kam auch ich als Gast einer befreundeten Familie nach Venedig und lernte Italien lieben, die Menschen, die Sprache, das Essen und die Kultur. Bis heute habe ich so viele Verse von Dante und Manzoni im Kopf wie von Goethe und Schiller, Leonardo da Vinci ist mir genauso nahe wie Albrecht Dürer. Und Lorenzo de' Medicis Maxime aus der Renaissance –

Chi vuol esser lieto, sia
Di doman non c'è certezza

– hat in mir eine zunächst geheime, aber nachhaltige Sehnsucht nach der Unbeschwertheit der italienischen Lebenskultur geweckt[3]. Meinen italienischen Landsleuten wirklich begegnet bin ich jedoch erst während der achtundsechziger Studentenbewegung, als wir, über verschlossene Glastüren und Sprachbarrieren hinweg, gemeinsam unsere Schule besetzten, um eine Studienreform zu fordern. Ich entdeckte, dass auch sie in Südtirol geboren waren, mit noch größerer Mühe als wir die andere, schwierigere Sprache lernten, dass der Reiz der Landschaft in ihnen ähnliche ästhetische Gefühle hervorrief, wie auch ich sie zuweilen empfand. Sollte die geographische *Heimat* mit ihrem emotionalen Überbau, die auch ich bis dahin unbewusst nur den deutschsprachigen Südtirolern zugesprochen hatte, ethnisch teilbar sein, den anderen genauso gehören wie uns selbst? Ist *Heimat*, einmal von politisch-propagandistischer Rhetorik befreit, ein symbolischer Ort, der durchaus von den einen wie den anderen gleichermaßen erlebt werden kann, der sich nicht über den Ausschluss der anderen, sondern durch deren Anerkennung definieren lässt?

Ich habe mir die Frage damals nicht ernsthaft gestellt. Heimatliche Gefühle im emphatischen Sinne waren mir schon damals fremd. Die *Heimat* hat mir, im Bloch'schen Sinne, nie in die Kindheit geschienen.[4] Meine Kindheit habe ich auf dem Lande verbracht. Ich erinnere mich an das große Landhaus meiner Eltern,

---

[3] „Wer fröhlich sein will, muss es heute sein – denn was morgen ist, ist ungewiss." (Lorenzo de'Medici: Il trionfo di Bacco ed Arianna)

[4] „Die Wurzel der Geschichte aber ist der arbeitende, schaffende, die Gegebenheiten umbildende und überholende Mensch. Hat er sich erfaßt und das Seine ohne Entäußerung und Entfremdung in realer Demokratie begründet, so entsteht in der Welt etwas, das allen in die Kindheit scheint und worin noch niemand war: Heimat." (Ernst Bloch: Das Prinzip Hoffnung)

in dem es so viele Zimmer gab, dass man sich stundenlang unentdeckt verkriechen konnte, an lange weiße Vorhänge, die sich im Sommerwind wölbten, an einen riesigen Birnenbaum im Garten, in dessen Schatten mir mein Kindermädchen Bücher vorlas und ich ungeduldig auf das Quietschen der Wetterfahne auf dem Kirchturm lauschte, bis der Glockenschlag mich endlich aus der Langeweile befreite. Zuweilen, in hektischen Zeiten, verspüre ich eine gewisse Nostalgie nach der Entspanntheit jener Langeweile – aber ob das *Heimat* ausmacht? Die politische Dimension des Begriffs erschien mir von frühen Jahren an als unbeständig, flüchtig. Zu Weihnachten war es Brauch, dass sich die verwandten Familien gegenseitig besuchten. Einer meiner Onkel verwahrte in seinem alten Schreibtisch ein Dokument, das er beim Kaffee nach dem Festtagsessen gerne herzeigte und das mich jedes Jahr erneut mit Ehrfurcht erfüllte. Es war ein Urlaubsschein aus dem Jahr 1918, ausgestellt vom Militärkommandanten, in dessen Kaiserjäger-Regiment mein Onkel Offizier gewesen war. Ein österreichisch-ungarischer Stempel bestätigte den Beginn des Urlaubs – zwei Wochen später besiegelte ein italienischer sein Ende: In diesen zwei Wochen war das Habsburgerreich zerbrochen, Südtirol Teil des feindlichen Königreichs Italien geworden. Ich war tief beeindruckt, wie schnell Weltreiche, Staaten und Nationen sich auflösen, nationale Grenzen sich verschieben konnten.

Aus dieser, vielleicht unbewussten, Erkenntnis haben manche meiner Landsleute eine pragmatische Konsequenz gezogen, die auch mir nicht ganz fremd ist und die schon Musil treffend beschrieben hat: „... Sie waren aus dem Norden gekommen und hatten vor der Schwelle des Südens halt gemacht; sie gebrauchten ihre deutsche oder welsche Zugehörigkeit, wie es der Vorteil gebot, und fühlten sich nirgends hingehören als zu sich."[5] Ist dieses Schicksal eines Grenzvolks, sich den Gegebenheiten anzupassen,

---

[5] Robert Musil: Die Portugiesin, 1924

ein Verrat an der *Heimat* oder vielleicht, positiv gesehen, die Fähigkeit, sich anderen Kulturen zu öffnen, eine gewisse Überwindung provinzieller Beschränktheit?

Mich hat es von jeher weggezogen aus der heimatlichen Enge. Im Internat war man stolz auf die Vielfalt der Nationen, denen die Zöglinge angehörten, für mich war es nach der Enge des Dorfes ein Hauch von weiter Welt. An Besuchstagen wurden die verschiedenen Fahnen gehisst und die Blechmusik schmetterte, nicht immer ganz richtig, die nationalen Hymnen. Die italienische wurde nie gespielt, die österreichische war mir damals fremd, die Marseillaise zu blutrünstig, also entschied ich mich für Hoffmann von Fallerslebens „Lied der Deutschen", die revolutionäre Utopie des achtzehnten Jahrhunderts eines demokratischen Deutschlands, in der ich mich durchaus wiedererkannte: „... blüh im Glanze dieses Glückes, blühe deutsches Vaterland."[6] Im demokratisch-revolutionären Sinne empfand ich es auch als mein Vaterland. Dass dieser Traum mich mit Schwärmern ganz anderer geistiger Provenienz verband, ließ mich unbekümmert: Wir hatten eine stramm jesuitische Anti-Nazi-Erziehung. Wir lasen „Die Blechtrommel" von Günther Grass und die Romane Heinrich Bölls und in ihnen hatte ich eine neue, eine geistige *Heimat* gefunden, weit entfernt von meiner geographischen.

Später, als ich nach der Handelsmatura beschloss Philosophie zu studieren, zog mich die Lust auf Hegels „tiefe Stille nur denkender Erkenntnis" wie selbstverständlich nach Frankfurt. Deutschland schien mir der ideale Ort dafür zu sein. Dass es stattdessen laute und bewegte Jahre der Studentenrevolte wurden, war für mich kein Widerspruch zur denkenden Erkenntnis: Ich lebte die Zeit in vollen Zügen. Frankfurt war für ein paar Jahre meine

---

[6] August Heinrich Hoffmann von Fallersleben, 1798-1874. Das „Lied der Deutschen", der Text der späteren deutschen Bundeshymne, wurde 1841 geschrieben.

Heimat, geistig und geographisch. Wenn ich heute die Bockenheimer Warte sehe oder Hausen, wo ich im Studentenheim gewohnt hatte, so empfinde ich dennoch keine heimatlichen Gefühle, weder Sehnsucht nach dem Unerreichten noch Trauer nach dem Unwiederbringlichen. Beides hingegen verspüre ich mit großer Intensität, wenn ich Rom besuche, wohin es mich später durch Zufall und für viele Jahre verschlagen hat. Dort konnten sich die geheimen italienischen Leidenschaften meiner Kindheit voll entfalten. Es war, als wäre ich in der Stadt aufgegangen. Ich wohnte im historischen Zentrum, arbeitete in italienischen Medien, schrieb, sprach, dachte und lebte italienisch – nur meine Freunde konnten nicht davon ablassen, meinen Namen mit einem übertriebenen Akzent auszusprechen, den sie aus den damals populären amerikanischen Nazifilmen kannten und dessen Anwendung auf mich sie lustig fanden. Ich aber war verletzt, auch weil es mich stets daran erinnerte, dass mich meine neue *Heimat* nicht ebenso vorbehaltlos angenommen wie ich sie auserwählt hatte. Kann man sich seine *Heimat* aussuchen und ist sie nur erfüllt, wenn die Zuneigung gegenseitig ist? Ist *Heimat* ein von der Herkunft unabhängiger existentieller Zustand, in dem geographische und soziale Umgebung, Inspiration und subjektives Glück fast wie durch Zufall ideal zusammenfallen? Scheint sie einem nicht nur in die Kindheit und kann man auch schon dort gewesen sein? Ich habe es so in Rom erlebt, aber ich habe auch in Rom keine bleibenden Wurzeln geschlagen.

Ich bin zuerst nach Wien übersiedelt, habe dann im Laufe der Jahre in Moskau gelebt, in London und in Washington und schließlich wieder in Wien. In all diesen Städten habe ich Augenblicke erlebt, in denen Sprache, Kultur, Umgebung und meine subjektive Empfindung in Einklang standen, in denen ich so etwas wie heimatliche Geborgenheit empfand, und überall habe ich Plätze, Ecken, Licht und Farben, Beziehungen und Erinnerungen gefunden, die in mir heimatliche Gefühle erwecken. Es ist bemerkenswert, dass sich in den Sprachen dieser Länder eine angemessene Übersetzung des Begriffs *Heimat* im emphatischen Sinne des deutschen Wortes nicht finden lässt und dass man den Begriff in den anderen Sprachen durchaus in der Mehrzahl gebrauchen kann, im Unterschied zum Deutschen. Dennoch: Ich habe vorübergehend viele „*Heimaten*" gefunden – aber keine ausschließliche und bleibende. Die Unruhe, die mich stets getrieben hat, hat vielleicht mit der existentiellen Schwierigkeit zu tun, sich endgültig zu entscheiden, sich definitiv angekommen zu fühlen, heimatliche Wurzeln zu schlagen. Zu den täglichen Spaziergängen meiner Kindheit zählte eine Runde durch die Arkaden des Friedhofs meines Heimatdorfes. Auf einer marmornen Platte auf einer Gruft war ein furchterregendes Skelett dargestellt, von dem mein Kindermädchen behauptete, man könnte es zum Leben erwecken, wenn man nur kräftig genug dagegentreten würde. Es war eine Mutprobe, an der ich täglich scheiterte. An der Wand war das Skelett auf einem Gemälde zu sehen, das mir noch später in vielen Albträumen begegnet ist. In einen bunten Schlafrock gehüllt, mit einer Sense in der Hand durchschritt es einen gewölbten Saal. Am anderen Ende, an der Schwelle einer hellen Pforte, stand ein strahlend leuchtender Engel. Wie in einem Bild mit vergoldetem runden Rahmen stand in ungelenker Schrift geschrieben:

Es gibt an keinem Orte
Die heiszersehnte Ruh'
Nur durch des Grabes Pforte
Gehst du der Heimat zu

Leider ist das Gemälde heute nicht mehr zu sehen. Ich kannte den Spruch auswendig und er erfüllte mich mit Unbehagen, längst bevor ich seinen Sinn verstand. *Heimat* wird hier, in ländlicher Version, zur existentiellen Situation vollendeter Geborgenheit, die auf dieser Erde niemals und nirgends zu erreichen ist und deshalb als Utopie ins himmlische Jerusalem verschoben wird. Aber es gibt auch eine weniger absolute, dafür konkretere *Heimat*, in der wir leben, zu der wir uns bekennen und in der wir uns wohl fühlen: Vom romantischen Absolutheitsanspruch, von politischer und ideologischer Rhetorik befreit, könnten wir sie leicht mit allen teilen, die gleich empfinden.

Wo der Baum zu wachsen anfing

VON IOAN HOLENDER

Mein Großvater mütterlicherseits, in Temeswar ein angesehener und wohlhabender Textilkaufmann, wurde in Pressburg geboren – *Posony* ungarisch. Sowohl unsere Stadt, meine Geburtsstadt Temeswar – rumänisch *Timisoara* –, als auch Pressburg gehörten bis 1918 zur Österreich-Ungarischen Monarchie. Nach dem Friedensvertrag von Trianon wurde Temeswar – deutsch eigentlich *Temesburg*, weil *war* ungarisch *burg*, die „falsche" deutsche Bezeichnung alleine zeigt die Völkervermischung sogar in der üblichen Namensnennung der Stadt – also Rumänien zugerechnet und Pressburg der Tschechoslowakei.

Mein Großvater sagte jedoch auch, er sei ein Altösterreicher, obwohl wir nicht recht verstanden, was er damit meinte. Er meinte ja auch weniger eine nationale Zugehörigkeit als eine Lebensgesinnung, eine kulturelle Identität, aber auch eine Obrigkeitsanerkennung, was die Monarchie betroffen hat, genauer gesagt und tatsächlich aber eigentlich nur den Kaiser Franz Josef I., der allerdings längst schon tot war.

Rumänien jedoch, wie alle nationalen Staaten, die durch das Ende der Habsburger-Monarchie entstanden sind und endlich auch jene Territorien zuerkannt bekamen, in welchen die Mehrheit der Bevölkerung lebte, gebärdete sich prononciert national. Teils notgedrungen, um die eigene Existenz des doch jungen, politisch schwachen neuen Staates zu rechtfertigen, teils durch das nun erlaubte „offizielle", ja geradezu geforderte Wiedererwachen der lateinischen Ursprünge. Die Latinität, die romanisch-dakische Reinheit des rumänischen Volkes, die ruhmreiche Geschichte und die vielen großen gewonnenen Schlachten der gloriosen Vergangenheit waren schon vor den faschistischen Bewegungen der Eisernen Garde ein stark strapaziertes Thema. Xenophobie und Antisemitismus waren ja nur die logischen Folgen. Wenn die eigene Nation etwas Besseres, Besonderes, Reines und Gutes ist, müssen ja die „anderen" die schlechteren sein. Und nach schlechter kommt bald schlecht, das ist ja bekannt!

Obwohl ich persönlich jede tiefere Diskussion über Nationalitäten sowie deren Ursprung und Bedeutung wirklich als entbehrlich betrachte, ist dies heute ein Thema geworden, mehr denn je.

Ich kam 1959 mit 24 Jahren nicht als Rumäne nach Österreich, um Österreicher zu werden. Wäre ich in England oder Frankreich gelandet, hätte ich ja auch nicht Engländer oder Franzose werden wollen. Niemand auf dieser Welt verlässt seine Heimat, also den Ort, das Land, wo er aufwuchs, Verwandte, Freunde, Sprache, Gewohnheiten, Zugehörigkeit u.a., wenn er nicht muss. Dieses „muss" kann sehr viele Ursachen haben: persönliche, selbstverschuldete, fremdverschuldete Verfolgung, wirtschaftliche Gründe bis hin zum verordneten Exil. Natürlich gab und gibt es noch ein sehr verbreitetes Motiv, die eigene Existenz anderswo zu gründen: die Hoffnung. Diese muss nicht prinzipiell aus der Hoffnungslosigkeit entstehen – es muss nicht immer die Hoffnung auf Besseres sein –, es kann auch die durchaus dem Menschen immanente Neigung zu etwas „anderem" sein.

Wenn ein bekannter, allzu bekannter österreichischer Politiker gesagt hat, die österreichische Nation sei eine Missgeburt, so trifft dies nicht nur auf unsere Österreich-Nation zu, sondern eigentlich auf ziemlich alle Nationen der Welt. Wenn man jedoch eine Nation, die – ich folge jetzt der Gedankenwelt desselben Politikers – nicht national-ethnisch rein ist, als Missgeburt apostrophiert, sind auch alle neugeborenen Kinder von Eltern, die zu verschiedenen Nationen gehören, Missgeburten. Also auch meine drei Kinder zum Beispiel, weil meine erste Frau deutscher und meine zweite Frau Schweizer Nationalität ist. Und wozu ich gehöre, weiß ich ja schon selbst nicht. Es ist auch wirklich unwichtig.

Wenn man die Habsburger-Monarchie zur österreichischen

Geschichte dazuzählen darf, und daran zweifelt wohl niemand, dann gehören auch sämtliche Nationen des untergegangenen Vielvölkerstaates zur österreichischen Nation. Die andere Alternative wäre ja nur, dass Bosnier, Serben, Ungarn, Ukrainer, Slowaken und Böhmen Österreicher waren und es jetzt nicht mehr sind.

Meine Wurzeln sind auch anderswo. Die Wurzeln sind immer dort, wo der Baum anfing zu wachsen. Manchmal sind sie tiefer, manchmal sind sie zarter und ganz selten gelingt es, den Baum samt Wurzeln zu verpflanzen. Die Erde jedoch, in welcher die Wurzeln waren, die Erde, die diesen Wurzeln Leben und Kraft gegeben, die wiederum die Wurzeln dem Baum weitergegeben haben, diese Erde ist unverpflanzbar. Sie bleibt, wo sie war.

Eine Identität kann nur ein Mensch haben. Leider hat sie nicht jeder Mensch. Eine Nation kann keine Identität haben, weil es diese als solches nicht gibt.

Die einzige Identität einer Nation, genannt die nationale Identität, kann und ist jene jedes einzelnen Menschen, welcher innerhalb der Grenzen der Nation lebt. Da es aber auch die Grenzen vielerorts nicht mehr gibt und hoffentlich immer weniger geben wird, ist auch dieses Kriterium eigentlich keines.

Steiermark, die fremde Heimat

VON PETER VUJICA

Was ist ein Schaf, das im Kuhstall auf die Welt kommt? Ein Schaf oder eine Kuh?

Oder: Ist der zufällig in Grönland geborene Neger ein Eskimo? Absurdes Zeug. Wer fragt schon so etwas?

Gar nicht so wenige. Nicht nur alle in Kuhställen geborenen Schafe. Nicht nur alle in Grönland geborenen Neger. Das fragen alle, die irgendwo, wo sie nicht hingehören, geboren worden sind.

Alle, die eine Sprache sprechen, von der sie wissen, sie ist nicht die ihre, aber die ihre nicht kennen. Alle, die eine Heimat lieben, von der sie wissen, sie ist nicht die ihre, aber die ihre nicht kennen. Alle, die „zuhause" sagen, aber wissen, dass sie in der Fremde sind, auch wenn sie ihr Vaterland nicht kennen.

Als ich ein Kind war, sprach mein Vater oft von „zuhause". Und wenn mein Vater von „zuhause" sprach, so war das etwas anderes als das „Zuhause", das meine Mutter oder meine Großmutter meinten, wenn sie sagten, „heute bleiben wir zuhause", oder, „gut, dass wir bei diesem Regen zuhause sind".

Wenn wir einmal „zuhause" wären, sagte mein Vater oft, da würde ich Kuhherden sehen, viel größer als hier auf den Halden in der Steiermark. „Zuhause", da gäbe es Bauern, die wüssten gar nicht, wie viele Kühe sie hätten, so viele haben sie. Und Lämmer. Lämmer, deren Fleisch „zuhause" viel besser schmeckt als hier, weil „zuhause" ganz andere Gräser wachsen, von denen sie sich nähren. Und die Wälder. Wenn wir „zuhause" wären, da würde ich erst sehen, was ein Wald ist. „Zuhause" gibt es Wälder, in denen noch Bären leben und Wölfe. Und die Wölfe, die kämen im Winter bis in die Dörfer. Und nachts würde man die Wölfe heulen hören und dürfte ohne Gewehr nicht vor die Türe gehen. Auch ein Licht müsste man immer mit sich tragen. Eine Lampe oder eine Fackel, denn Wölfe fürchten das Feuer.

Und dann erzählte mir mein Vater von Wäldern, in denen nur Lindenbäume stehen, deren Duft in der Blütezeit das ganze Tal erfüllt und die einen Honig geben, der viel besser sei als der von hier. Der steirische Waldhonig, der sei, verglichen mit dem Honig von „zuhause", überhaupt kein Honig. Den holten die Bienen nicht von blühenden Bäumen, sondern von schwitzenden Läusen.

Und zu Weihnachten, wenn der Christbaum brannte und ich meine Geschenke auswickelte, da sagte mein Vater, „zuhause" wäre das Weihnachtsfest viel schöner. Da gäbe es keinen Christbaum und auch keine „blöden Geschenke". Da säßen alle in einem großen Raum um ein Feuer, über dem ein Schwein gebraten wird. Und man darf den Spieß nur ganz langsam drehen. Dann schmeckt das Fleisch besonders gut. Und während das Schwein auf dem Spieß bedächtig gewendet wird und auch während des Essens singen alle Weihnachtslieder, und einer liest dann auch das Weihnachtsevangelium vor. Und alle denken sie nur an die Geburt des Herrn und an die Erlösung der Welt. Zu Weihnachten „zuhause". Und nach dem Essen würde ein großer Kuchen angeschnitten, in dem ein goldener Dukaten eingebacken ist. Und für denjenigen, der in seinem Kuchenstück den Dukaten findet, würde das viel Glück im kommenden Jahr bedeuten. Und spät in der Weihnachtsnacht besuchten die Bauern einander und bewirteten sich. Von Haus zu Haus würden sie gehen bis zum Weihnachtsgottesdienst am nächsten Morgen. Und die Weihnachtslieder, die „zuhause" in der Kirche gesungen werden, wären viel schöner als die Weihnachtslieder hier.

Und als ich meine Großmutter im Sommer manchmal auf den Markt begleitete und den mir so verhassten Spinat und die nicht minder widerwärtigen Bohnen und Kohlrüben umherliegen sah, träumte ich von den Märkten „zuhause", auf denen angeblich ganze Berge süßer Melonen aufgetürmt sind und Feigen und Trauben, so viele, dass die Bauern sie an einem Tag gar nicht verkaufen könnten und in der Nacht – und die Nächte wären „zuhause" sehr warm im Sommer – einfach neben ihren Melonen schliefen.

Und jedes Mal, wenn mir meine Mutter ein Honigbrot gestrichen hatte, „damit der Bub seine käsige Farbe verliert", und mir der Honig über die Finger floss und auf die Hose tropfte, dachte ich, wie viel besser der Honig aus den blühenden Lindenwäldern „zuhause" schmecken würde.

Alles, was ich als Kind erlebte, und auch alles, was ich tat und was ich hatte, empfand ich als vorläufig. Als vorübergehend. Und daher auch unwichtig.

Meine Freunde waren für mich nur vorläufige Freunde. Und die Pflichten, die ich später in der Schule hatte, waren für mich unwichtige Pflichten. Musste ich doch Dinge lernen, die vielleicht nur für hier wichtig waren, aber nicht für „zuhause".

Lange Zeit fühlte ich mich von den Anweisungen der Professoren ausgenommen, und meine Mutter musste sich in den Sprechstunden Klagen über meine skeptische Teilnahmslosigkeit anhören, die angeblich auch meine Kameraden schlecht beeinflusste. Bald setze man mich in die erste Bank. Bald wieder in die letzte. Bald setzte man einen, der als moralisch gefestigt galt, neben mich, sobald man aber zu bemerkten glaubte, sein Ernst und seine Lernerfolgen könnten durch meine unmittelbare Nähe gefährdet sein, saß ich wieder allein. Und ich wüsste auch jetzt, im nachhinein, nicht einen Gegenstand, der mich wirklich interessiert hätte. Ich lernte ausschließlich um des lieben Friedens willen, der sonst durch schulweite Skandale – mitunter zerrte man mich zum Direktor – und mütterliche Tränen gefährdet war.

„Du bist hier nur Gast", hieß es zuhause dann. „Du hast dich als Gast anständig aufzuführen. Du musst mehr leisten als die anderen. Zeig ihnen, was du kannst." Vergeblich versuchte man, meinen Ehrgeiz zu wecken.

Das Einzige, was in mir im Lauf der Jahre erwachte, war eher ein melancholischer Zweifel an dem paradiesischen „Zuhause", von dem mein Vater immer seltener sprach. Langsam wurde mir bewusst, dass es wohl bei dem vorläufigen „Zuhause" bleiben würde. Dass alles nur als vorläufig Empfundene wohl auch das Endgültige sei. Dass nach dem von mir als unwichtig Belächelten nichts Wichtiges mehr zu erwarten sei. Dass dieses „Zuhause", von dem ich eine Kindheit lang geträumt hatte, nicht besser wäre als mein vorläufiges, höchstens ein anderes.

Ich fühlte dies besonders, wenn Verwandte von „zuhause" zu uns auf Besuch kamen. Onkel, Tanten, Vettern. Fremde Menschen, die mich küssten, in einer fremden Sprache auf mich einredeten und erstaunt den Kopf schüttelten, als sie merkten, dass ich sie nicht verstehen konnte. Ich dachte, dass ein „Zuhause", für das ich eine fremde Sprache lernen müsste, kein „Zuhause" wäre. Und so fühlte ich immer in jenen Augenblicken, in denen das „Zuhause", von dem ich träumte, Wirklichkeit wurde, dessen Fremdheit.

Eigentlich schon bei meiner Taufe. Da mein Vater darauf bestand, dass ich nach orthodoxem Ritus getauft werde, wartete man damit so lange, bis die ersten orthodoxen Geistlichen nach Graz kamen. Ich war damals schon acht Jahre alt. Stolz erzählte ich in der Schule, dass ich demnächst getauft werden sollte!

Der katholische Katechet stattete meinen Eltern einen Besuch ab und versuchte sie zu bewegen, mich katholisch taufen zu lassen. Erstens bestehe, so sagte er damals schon, zwischen der orthodoxen und der katholischen Religion ohnedies kaum ein Unterschied, und außerdem sei an österreichischen Schulen kein orthodoxer Religionsunterricht vorgesehen, und die Taufe allein mache keinen Christen. Keinen katholischen und keinen orthodoxen. Schließlich einigte man sich. Meine Eltern versprachen, mich in den katholischen Religionsunterricht zu schicken, aber getauft werden sollte ich orthodox.

Ich erinnere mich noch genau an das mir unverständliche Taufritual. Ein Mann las mit erhobener Stimme aus einem Buch vor. Ich hatte, angeführt von einem Taufpaten, verschiedene Gänze zu vollführen. Danach goss der Pope, unverständliche Gebete murmelnd, aus einem kleinen Krug Wasser über meinen Kopf.

Kaum war die Zeremonie zu Ende, betrat ein zweiter Geistlicher den Raum. Ein alter Mann mit schulterlangem Haar und langem Bart. Unwirsch stellte er dem Priester, der mich getauft hatte, einige Fragen. Sie begannen zu streiten.

Ich wollte gehen. Mein Vater hielt mich zurück. Der alte Pope riss dem jungen schließlich das Messgewand vom Leib und zog es an. Das Ritual begann von vorne. Der Mann begann neuerlich mit erhobener Stimme zu lesen. Und ich wanderte mit meinem Taufpaten wieder im Kreis herum. Vor einer großen Waschschüssel blieben wir stehen. Der alte Pope – ich hatte Angst vor ihm – zog an meinem Hemd. „Ausziehen", sagte mein Vater.

Ich zog das Hemd aus. Man beugte mich über die Waschschüssel. Und der Pope schüttete einen Kübel Wasser über mich. Dann reichte man mir ein Handtuch.

An das Ende meiner seltsamen Taufe kann ich mich nicht mehr erinnern. Ich weiß nur, dass ich später dann im katholischen Religionsunterricht immer eine angenehme Sonderstellung eingenommen habe. Alles, was geboten und verboten war, empfand ich als für mich nur bedingt verbindlich. Und als es für mich dann nach vielen Jahren gewiss war, dass ich außer meinem vorläufigen, nicht ganz ernst genommenen „Zuhause" kein anderes erwarten durfte, weitete ich dieses im Religionsunterricht kultivierte Bewusstsein der bedingten Verbindlichkeit aus auf alles, was ich dachte und tat.

Je nach Bedarf balancierte ich zwischen Zugehörigkeit und Fremdheit. War von den „Windischen" und den „Tschuschen" die Rede, fühlte ich mich zum Beispiel überhaupt nicht betroffen, da ich ja geborener Steirer war. Nur wenn ich manchmal einen Schulfreund besuchte und wir in staubigen Laden auf alte Briefe stießen, Briefe aus dem Jahr 1874 oder 1877, Briefe aus Liezen, aus Stainz, aus Leoben, in denen sich seine Ahnen ihre Neuigkeiten mitteilten – dass „das mit der Rosa und der Ziege nun endlich ins Reine gekommen" sei, dass „der Herr Großvater, wenn er weiterhin bei so guter Gesundheit bleibt, mit nach Mariazell" werde fahren können –, da erschienen mir diese vielen Zeilen in nadeliger Kurrentschrift wie Moos, das einen alten Stein bedeckt. Moos, das mir von irgendwo Abgesprengtem und kahl und kantig zwischen runde und überwachsene Felsen Gefallenem fehlte. Ich fühlte, dass ich fremd war.

Ich beneidete meine Freunde. Eine Tante in Stainz zu haben, irgendeinen alten Verwandten, zu dem man der Einfachheit halber Onkel sagt, in Leoben oder einen Cousin irgendwo draußen auf dem Land, den man während der Ferien besuchen kann, das erschien mir als großes, für mich unerreichbares Glück.

Und in der Geographiestunde, wenn Steiermark oder Österreich durchgenommen wurde, da wussten meine Mitschüler über diesen oder jenen Ort viele Einzelheiten, kannten die Namen eines Flusses, eines Schlosses, einer Ruine, und wenn der Professor sie fragte, woher sie das wüssten, hieß es, „Ja, dort lebt mein Großvater", oder „Meine Tante hat dort ein Geschäft". Für mich aber waren die Namen dieser Flüsse und Berge fremde Namen.

Wenn in der Schule aber dann von „zuhause" die Rede war und der Professor zu mir sagte: „Na, das musst du ja wissen, das ist doch deine Heimat", zuckte ich verlegen die Achseln, weil ich auch meine Heimat nicht kannte und deren Berge und Flüsse auswendig lernen musste wie die Berge und die Flüsse eines jeden anderen Landes. Wie ich die Berge und die Flüsse der Steiermark zunächst auswendig gelernt hatte, bevor ich sie dann nach und nach auch kennenlernte.

Kein Großvater hat mich nach Stainz eingeladen und keine Tante nach Leoben. Und auch die Ferien habe ich nie bei einem Cousin auf dem Land verbracht. Was ich kennen lernte und wie ich es kennen lernte, war Zufall. Manchmal erinnerte ich mich an den Geographieunterricht.

Mehr gab es nicht, was mich mit den Orten, in die ich kam, und mit den Bergen und Flüssen, die ich sah, verbunden hätte.

Bis ich nach vielen Jahren dann zum ersten Mal „zuhause" war. Als Gast. Als Gast, der die Sprache seiner Heimat nur sehr schlecht verstand. Als Gast, dem das vom Vater gelobte Lämmerne nicht geschmeckt hat, als Gast, der die Briefe seiner Ahnen in den alten Laden nicht einmal lesen konnte, denn sie waren kyrillisch geschrieben. Und die großen Wälder „zuhause" fand ich schön, aber fremd, und den Honig nicht süßer als den angeblich von schwitzenden Läusen gewonnenen, den ich bisher gegessen hatte.

Ich kann nicht sagen, dass ich enttäuscht war damals. Die Zweifel an der Vollkommenheit dieses von meinem Vater gepriesenen „Zuhause", die ich schon lange gehegt hatte, waren in jenen Tagen zur Gewissheit geworden.

Und ohne Wehmut fuhr ich wieder zurück. Zurück in die Fremde, in der ich geboren wurde, in der meine Eltern lebten, deren Berge und Orte mich an die Geographiestunden erinnerten und an alte Briefe in fremden Laden, und von der ich nun wusste, dass sie meine Heimat war. Meine fremde Heimat, deren anhänglicher Stiefsohn ich, ohne es recht zu merken, inzwischen geworden war.

Ein Schaf, das aus dem Kuhstall eigentlich gar nicht mehr hinausmöchte.

Aus:
Wolfkind, Peter Daniel: Sentimentale Geographie. Erzählungen, Graz-Wien-Köln 1979

Meine Sehnsucht ist anderswo

von Verena Krausneker

Ich habe vorzuweisen: eine slowenische Großmutter, einen „wirklich" österreichischen Großvater, eine Großmutter und einen Großvater aus Wien, beide jüdisch. Eine slowenische Urgroßmutter, eine ungarische Urgroßmutter, eine deutsche und eine österreichische Urgroßmutter, die Hälfte von ihnen jüdisch. Des Weiteren: böhmische, polnische und Wiener Urgroßväter teilweise jüdischer Herkunft. Irgendwo auch italienische Verbindungen. Einen Ahnen, dessen strenges Porträt als Rektor der Universität Lemberg mich immer etwas verwirrt hat.

Ich bin also Wienerin. Obwohl mir das oft nicht geglaubt wird. Wildfremde Personen, Bäcker, Installateure, Straßenbahnbekanntschaften und Uni-Kolleginnen fragen nach: „Und du bist wirklich aus Wien? Bist du keine Deutsche?" Der längste Deutschlandaufenthalt meines Lebens hat ungefähr eine Woche gedauert. Freundlich lächelnd und ernsthaft verwundert zugleich muss ich bekräftigen: Ich bin Wienerin.

Ich spreche sicher Wienerisch. Ich spreche nur anscheinend ein anderes Wienerisch, eines, das nicht gleich erkannt wird. Die Mühe, obige Beweisliste für mein Original-Wienerischsein anzuführen, mache ich mir nicht oft.

Ich bin blond und blauäugig. Auch wenn das selten offen angesprochen wird: Es sind nicht gerade ideale Erkennungsmerkmale, anhand derer man mich korrekt zuordnen kann. Die Mühe, obige Beweisliste für mein österreichisches Jüdischsein anzuführen, mache ich mir dennoch ebenfalls selten. Lange hab ich andere Symbole getragen: Magen David und Chamsa oder Chaj. Eher trotzig, um wenigstens manchmal die korrekten Zuschreibungen zu bekommen, um als die erkannt zu werden, als die ich mich fühle, und um *zugehörig* zu sein.

Vor lauter Sorge um die vielen Zuschreibungen, die vielen falschen Zuschreibungen, die vielen Missverständnisse, hatte ich vergessen gehabt, dass ich sein kann, wer ich will. Ich könnte alles an mir ändern, mich selbst äußerlich neu erschaffen. Erstaunlich die Erkenntnis, wie viel die zugeschriebene Identität mit dem Aussehen zu tun hat. Erstaunlich, wie sicher die Leute glauben zu wissen, wie eine Österreicherin aussehen sollte (nicht wie meine dunkelhaarige, „exotische" Freundin) oder wie eine Jüdin aussehen sollte (eher nicht blond-blauäugig) oder wie eine echte Wienerin sprechen sollte (anscheinend nicht so wie ich).

Ich führe sie nicht oft an, diese Beweise, aber ich habe sie in mir. Ich trage mit mir die Geschichten, ich weiß um die Herkünfte. Denn *eine* Herkunft kann es nicht sein, was ich da so im Kopf habe:

Ich habe im Kopf die Erinnerungen an meine wunderschöne Urgroßmutter, deren großzügige Nase ich geerbt habe, aber leider nicht ihre Backenknochen. Sie kam aus Budapest nach Wien und sprach erst wieder kurz vor ihrem Tod in England Ungarisch. Zu Enkelinnen und Urenkeln, die nur Deutsch oder Englisch verstanden. Aber in Wien, dieser Zwischenstation, wo sie doch viele Jahre lebte, traf sie meinen wohlhabenden Urgroßvater, der sie an seinem Geburtstag heiratete: den Physiker/Chemiker und dann Fabrikanten Otto Brill. Den Urgroßvater, der mich als Jugendliche unendlich faszinierte, aus zeitlicher Ferne, weil lange vor meiner Geburt gestorben. Der angeblich Marie Curie persönlich ein Köfferchen mit kolportierten 2 g Radium, ein Geschenk der österreichischen Regierung, überbringen durfte. Marie Curie! Das war der eigentliche Auslöser dafür, dass ich seine Lebensgeschichte zu recherchieren begann:

- Du hast gesagt, er hat mit Marie Curie gearbeitet?

Ja, aber er hat sie nicht gemocht.

- Why?

I don't know.

- Aber sie war so gscheit!

Not pretty.
- Das war sein Anspruch? … Öttchens Anspruch?[7]

Aus der nicht wirklich von Erfolg gekrönten Suche nach Verbindungen zu der angehimmelten Marie Curie wurde sehr bald eine Suche nach den jüdischen VorfahrInnen. Die Suche fand in endlosen Interviews mit Ottos drei Kindern statt und hatte immer das gleiche Muster: Ja, das war jüdisch an ihnen – aber es hat ihnen gaaaar nichts bedeutet, denn sie waren modern und aufgeklärt. Ja, er hatte eine Bar Mitzwa – aber er fühlte sich gar nicht jüdisch, er wusste nichts mehr. Ich sah Dokumente mit schönen Stempeln von böhmischen jüdischen Matrikelämtern – aber: „Sie haben alle zusammen keine jüdischen Gebete mehr sprechen können". Ich war dauernd hin und her gerissen, zwischen der eher schockierenden, weil plötzlichen Entdeckung, dass ich aus einer jüdischen Familie kam und den Beteuerungen: Aber so jüdisch war die Familie doch gar nicht!

Bei meinen Bestrebungen, da Klarheit zu schaffen, ergab sich die noch etwas kompliziertere Suche nach der jüdischen Identität der Familie in Wien vor dem Einschnitt 1938:
- Hat er Gebete sprechen können?
Ganz sicher nicht.
- Und wie war das mit den Feiertagen?
Ja, wir haben immer Weihnachten gehabt. Und er hat nicht eine Menorah [*gemeint ist: Chanukkiah, der Channukkah-Leuchter*] gekauft, er hat sechs Menorahs gekauft. Weil wenn er auf Auk-

---

[7] Alle Dialoge sind Abschriften von selbst geführten Gesprächen mit verschiedenen Familienmitgliedern aus den vergangenen zehn Jahren. Sie sind entnommen aus: Krausneker, Verena: Die vielen Wahrheiten über meinen Urgroßvater. Das Leben eines jüdischen Wissenschafters, Industriellen und Kunstmäzens in der Erinnerung seiner drei Kinder. Manuskript

tionen gegangen ist und da war eine hübsche Menorah und dort war eine hübsche Menorah; er hat sechs Menorahs gehabt. Und niemand hat gewusst, was man damit tut. Ungefähr, wir haben gesagt – weil wir das doch in Religion gelernt haben –, dass man jeden Abend eine Kerze anzündet. Und das war eine Woche vor Weihnachten. Aber man musste doch einen Weihnachtsbaum haben! So haben wir beides gehabt. It was like that.
 - Aber Öttchen hat doch gewusst, dass ihr jüdisch seid?
Well, of course he knew before. But he thought of himself so totally assimilated, so totally essentially Austrian ...

Nu, was jetzt: jüdisch, aber eigentlich nicht? Eigentlich nicht jüdisch, aber jüdisch? Meine BerichterstatterInnen konnten mir nicht sagen, dass es sich um eine ganz normale assimilierte, aufgeklärte, von mir aus säkulare jüdische Familie handelt, aus der sie und ich stammen. Denn dieses Vokabular gab es nicht. Jüdisch-Sein wurde auf die Religion beschränkt. Wer nicht religiös war, war auch nicht jüdisch, basta.

Meine Großmutter erzählt weiter, dass ihr Vater, Otto, ab Mitte der Dreißigerjahre jüdische Flüchtlinge aus Deutschland unterstützte, und dass solche Menschen auch bei ihnen wohnten und die Situation in Deutschland beschrieben: „Und die Gefahr, dass Hitler Österreich besetzt, war den Menschen, die da gekommen sind – auch Otto – sicher bewusst. Aber er hat immer gemeint, in Wien ist das ganz unmöglich, in Wien sind die Juden ein so wesentlicher Teil des wirtschaftlichen und kulturellen Lebens, das ist ganz unmöglich, die auszuschalten. Es war eine Meinung, die er noch beibehalten hat bis zum Einmarsch der Hitlerarmee im März 1938, er hat das also nicht als unmittelbare Bedrohung empfunden, empfinden wollen. Und ich weiß, er hat immer gesagt, wenn es je ein SA-Mensch wagen würde, in meine Wohnung zu kommen, dann würde ich sofort meine Rittmeisteruniform [*aus der Zeit in der k.u.k. Armee*] anziehen, und der würde also ganz sicher mir nichts tun, meiner Familie nichts tun. (...)"

Die Rittmeisteruniform blieb im Kasten, mein Urgroßvater Otto wurde ein oder zwei Tage nach dem Einmarsch verhaftet: „Und Otto wurde eingesperrt auf der …, im Gefängnis Elisabethpromenade. Mit der Merkwürdigkeit, dass dieses Gefängnis genau auf der anderen Seite vom Donaukanal, vis-a-vis von der Oberen Donaustraße ist." Dort wohnte die Familie. Nun konnten meine Urgroßmutter Lilly und ihre drei Kinder aus dem Fenster schauen auf das Gefängnis, in dem der Mann/Vater eingesperrt war. Otto verzichtete schließlich auf seinen gesamten Besitz und wurde freigelassen. Die Kinder wurden nach England geschickt, wo Wissenschafts-Kollegen von Otto bürgten, und die Eltern konnten im Herbst 1938 ebenfalls ausreisen. Ihr Besitz hatte sie alle freigekauft, hatte ihnen höchstwahrscheinlich das Leben gerettet.

Die Familie hatte nach 1938 keine Identität mehr, keine restreligiöse jüdische, keine kulturelle, nur mehr die verhasste jüdische, die gefährliche, die ihnen zugeschrieben worden war. Vorher waren sie assimiliert, aber jüdisch, um nicht feig zu sein. Integer jüdisch sozusagen. „Wir sind net solchene, die sich katholisch taufen lassen und sich damit die Schwierigkeiten ersparen", beschreibt meine Großmutter die Einstellung ihres Vaters. Nachher waren sie Flüchtlinge.

Meine Großmutter war Kommunistin und kehrte als Einzige der Familie sofort nach dem Krieg nach Österreich zurück, um ein neues Land aufzubauen. Manchmal versuche ich mir vorzustellen, wie das war, in eine Stadt zu kommen, wo niemand mehr ist, den man kennt, eine *judenreine* Stadt. In ein Wien, das einen ausgespuckt hat, und zu Menschen, die dann noch hinterhergespuckt haben. Vollkommen alleine. Mir wird schwindlig, wenn ich daran denke. Obwohl natürlich die anderen zurückgekehrten jüdischkommunistischen Emigranten als eine große Familie fungierten und funktionierten.

Ihre in England geborene Tochter ließ meine Großmutter dort und holte sie erst einige Jahre später nach. Das Mädchen konnte damals nicht Deutsch – aber wurde Russisch-Deutsch-Dolmetscherin. Meine Mutter sagt heute, sie fühle sich als Österreicherin. Als ich verständnislos nachfrage, sagt sie: „Ich bin hier zuhause. Zumindest mehr als irgendwo anders." Sie denkt noch etwas nach und sagt dann, es hinge schon auch mit Trotz zusammen: Das werden wir sehen, ob ich nicht Österreicherin bin! Sie verwendet sogar das Wort „Stolz" in diesem Gespräch. Sie klingt, als würde sie jemanden zum Kampf herausfordern. Die „echten" Österreicher wahrscheinlich. Denke ich mir. Hiersein bedeutet, den ständigen Beweis antreten zu müssen.

Mein Großvater, ebenfalls jüdischer Kommunist, der das neue Österreich aufbauen wollte, muss über dieser großen Aufgabe seine kleine Tochter und auch seine Frau irgendwie vergessen haben. Er war daher in meinem Leben nie präsent. Die Geschichte seiner Familie ist ähnlich schillernd, wenn auch nicht ganz so glimpflich verlaufen wie die der großmütterlichen Familie. Er nennt es „gestorben" und „im Konzentrationslager zugrunde gegangen". Ich nenne es „ermordet", auch wenn dieses Wort schmerzt.

Es ergab sich auf dieser Suche weiters die Frage nach meiner eigenen Identität. Und daraus ergaben sich dann eher peinliche Fragen. Und kompliziertere Gedanken, denn ich habe auch noch eine andere Herkunft:

Ich habe im Kopf meine andere Großmutter, die südlich von Triest in Istrien, aber noch in Österreich geboren wurde, in einem dreisprachigen Haushalt, den sie beschreibt: Die Herrschaften sprachen untereinander Deutsch, mit dem Personal sprach man Slowenisch, mit Gästen Italienisch. Die Herkunft ihrer Familie: ihr Stolz. Eine kroatisch-slowenische Familie, die im Ort, in der Gegend wichtig war. Sie selbst kam schon als Kind nach Wien und lebt seither in Österreich. Im März 1938 stand sie angeblich am Reiterdenkmal auf dem Heldenplatz. Und jubelte. Ihr Cousin in Slowenien wurde Partisan, und er hasste die Deutschen für das, was sie in seinem Leben bedeuteten. Ihre Schwester war in Dänemark verheiratet mit einem Widerstandskämpfer. Meine

Großmutter am Heldenplatz war begeistert, weil man halt begeistert war, Nazi, weil man halt Nazi war. Mein Versuch zu verstehen, wie sie mit ihrer Familie, den slowenischen Partisanen und den dänischen Widerständlern, weiterhin verkehren konnte, schlägt fehl. Meine Suche nach Verständnis für politische Feinde, die trotzdem eine Familie bleiben, ist fruchtlos. Bis mein Vater erklärt: Während des Krieges wusste man nicht viel voneinander, und nachher war alles vorbei, war alles schon Vergangenheit, verloschene Ideale. Da versuchte man sich gegenseitig zu unterstützen. Andere Sorgen, vitale Sorgen waren wichtiger. Mein Vater präzisiert: Hunger. Er selbst wurde als Kind in Dänemark von der Familie durchgefüttert.

Die Großmutter lebt seit vierzig Jahren in Salzburg und nennt sich selbst in freundlichem Tonfall *Tschuschin*. Ihre Identität ist klar: Ihr Herz ist in Istrien und Politik ist ihr egal.

Ich habe im Kopf meinen Urgroßvater, den Sozialdemokraten, der im kalten Februar 1934 als Schutzbündler in Haft war. Und seinen Sohn, meinen Großvater, der als Jugendlicher bei der illegalen HJ war, wegen einer eingeschlagenen Fensterscheibe ernsthafte Probleme bekam und vom Rechtsanwalt Stern mit der Begründung, es sei ein Lausbubenstreich gewesen, aus der Sache geholt wurde. Ein paar Jahre später war er dann länger inhaftiert. Wegen *Geheimbündelei* als illegaler Nazi, nicht als Lausbub. Angeblich war er danach, schon lange bevor das Spektakel in Österreich offiziell losging, kuriert. Er distanzierte sich von der illegalen HJ, gab Informationen an die österreichische Geheimpolizei weiter und wurde von der HJ wegen Verrats „zum Tode verurteilt". Trotzdem war auch er im März 1938 am Heldenplatz: Mein kurierter Großvater stand auf einem Balkon hinter Baldur von Schirach und hielt eine Fahne, daran konnte er sich erinnern. In der darauf folgenden Nacht wurde er wegen des alten Verrates zuhause verhaftet und – déjà-vu – ins Gefängnis auf die Elisabethpromenade gebracht, wo er einige Wochen in Haft saß. Von seinem Vater, dem Schutzbündler, der vom Sozialisten zum Nationalsozialisten mutiert war, wurde er herausgetrickst. Später ging er zur Wehrmacht, marschierte wochenlang in Europa herum und führte schließlich ca. drei Monate in Russland Krieg, bis er starke epileptische Anfälle bekam und ab da „frontuntauglich" war. Ich versuche zu ergründen, wann und ob er sich vom Nazismus gelöst hat, und zu verstehen, wie er seine eigene Rolle sah. Immerhin wussten fünf seiner Onkeln und Tanten im April keinen anderen Ausweg als den kollektiven Suizid. Er selbst sagte zu mir einmal, als wir gemeinsam in seiner Küche saßen, in *dem* obligatorischen Gespräch zwischen einem Großvater und seiner Enkelin in Österreich: Ich war jung und dumm. Nicht als Entschuldigung, aber als Erklärung.

Mein Vater erzählt weiter: Als er seinen Vater fragte, ob er im Krieg Leute umgebracht habe, gab er zur Antwort, „dafür waren wir dort". Mein Großvater wusste genau, was er in Russland getan hatte, und fürchtete sich später schrecklich vor Rache, hatte entsetzlich schlechtes Gewissen und Schuldgefühle. Als in den Fünfzigerjahren Turnerbund, Edelweißvereine und Ähnliches auftauchten, war er rasend vor Zorn. Mein Vater sagt: „Das *Nie wieder* war sehr wichtig für ihn." Aber ich bin mir nicht sicher, ob sich das auf den Krieg bezieht – oder das andere. Mein Urgroßvater hingegen, der mutierte Schutzbündler, der gehofft hatte, dass das „Nationale" noch unter Kontrolle zu bekommen sein würde und das „-sozialistische" überwiegen würde, litt fürchterlich, als er begriff, was passiert war. Als er, der sich selbst während des Krieges gemäß seiner Prinzipien verhalten und niemanden getötet hatte, verstand, dass inzwischen vor seinen Augen ein systematischer Massenmord stattgefunden hatte, brachte ihn die Schuld, die er empfand, fast um. Es tut gut, das zu wissen.

Wie kann ich zwei Großeltern haben, die im März 1938 enteignet & entrechtet wurden und sehr bald flohen, und zwei andere Großeltern, die am Heldenplatz ihren Rollen als Jublerin bzw. Fahnenhalter gerecht wurden? Wie kann ich die in meinem Kopf zusammenbringen, wie daraus irgendetwas Sinnstiftendes schließen? Lange dachte ich, ich bin ein Freak, mit dieser Herkunft. Diesen Herkünften. Bis ich begriff: Ist das nicht Österreich, wie es österreichischer nicht mehr geht? Phantastisch, die Vorstellung, dass meine Eltern heirateten und ihren Herkünften keine Bedeutung beimaßen, ja wahrscheinlich nicht einmal darüber sprachen. Meine Eltern unterhielten sich in den 1960ern wahrscheinlich weniger über ihre Eltern und darüber, was deren Geschichten für sie bedeuten, als ich mich heute genau darüber mit Leuten unterhalte, die ich nicht einmal annähernd zu heiraten gedenke. Heute sprechen sie darüber, mit mir, und ich glaube, es ist ihnen wichtig. Heute können sie darüber sprechen, heute gibt es Worte dafür und etwas Wissen, um damit umzugehen. Heute weiß mein Vater, dass wir dem, was er *familiäres Gruselkabinett* nennt, ins Gesicht schauen müssen, um es nicht selber fortzuführen.

Wo sind nun meine Wurzeln, wo die meiner Familie – und vor allem: Woraus besteht meine österreichische Identität? „Ratlos" ist ein Euphemismus für das, was ich fühle, und „verwirrt" für das, was ich mir denke. Allerdings: Die letzten Jahre habe ich mit dem Auffüllen der bisher leeren Bedeutung meines Jüdischseins verbracht. Mit der Loslösung der Bedeutung vom Holocaust und dem Schaffen von positiven, schönen, gegenwärtigen Inhalten. Diesen Teil meiner Identität habe ich mir selbst erarbeitet, mit Betonung auf „Arbeit".

Trotzdem und deswegen: Ich will weg. Dringend, schon länger. Und immer hält mich etwas. Mein eigenes Leben hält mich hier fest, in dieser Stadt, die ich nicht liebe, in der ich wenig Wurzeln fühle und fest verwurzelt bin. Angewurzelt. Gehen hieße, mich fremd nicht nur zu fühlen, sondern zu sein. Gehen hieße, manchmal wo spazierengehen zu können, ohne zu denken: Oh, in diesem hübschen Haus hat Gross gemordet. Das Grausen ist überall. Ich weiß natürlich, es passiert überall. Aber das österreichische Grausen ist mir unerträglich.

Immer ein wenig anders

VON ADRIANA CZERNIN

Das Viertel in Sofia, in dem ich aufgewachsen bin: unsere Straße, der kleine Innenhof, die Wendeltreppe zur Wohnung im ersten Stock, der Erker, der Balkon, von dem aus ich die Hausbewohner und -besucher sehen konnte. Meine Mutter, mein Vater, meine Großmutter: Wir haben alle zusammengelebt. Unser Haus war voller Musiker: zwei Geigerinnen, zwei Oboisten, drei Pianisten, zu einer – sie war Korrepetitorin des Konservatoriums – kamen Opernsänger, um ihre Rollen einzustudieren, eine Harfenistin, die ihr Kammerensemble zum Üben versammelt hat, und ein Dirigent.

Die Glocke der Alexander Nevski Kirche am Sonntag; die Bäckerei und das Obst- und Gemüsegeschäft, wohin ich alleine gehen durfte, weil ich dabei keine große Straße überqueren musste. Der nahe liegende Garten, der Weg zur Schule.

Später: die eigenen Freunde, die endlosen Spaziergänge mit oder ohne Hunde; erste Verliebtheiten, Tränen und Trennungen. Die aufregenden Gespräche und Diskussionen, die frühen Versuche, uns von unserer Umwelt abzugrenzen. Die Zukunftspläne: wie wir fliehen würden, über Jugoslawien nach Westeuropa, wie es sein würde, in Freiheit zu leben. (Freunde planten, mit einem Drachenflieger über die Grenze zu gelangen.)

1990, im Alter von einundzwanzig Jahren, bin ich nach Wien gekommen. Ich habe bald mit einer Familie gewohnt, auf deren Kinder ich aufpasste.

Der Park vor der Votivkirche, mit dem Hund spazieren, die vorbeilaufenden Studenten. Später der Weg in die Wohnung in der Mozartgasse. Die zum Teil alten Geschäfte, die altmodische Straßenbahn, die viel zu breite, irgendwie gesichtslose Wiedner Hauptstraße. Sitzen im Café Bräunerhof, Zeitung lesen, herumschauen, Leute beobachten. Das Café Prückel, in dem ich oft Freunde treffe. Nach einiger Zeit hatte ich wirklich gute Freunde: Ich studierte an der „Angewandten" und in Gesprächen und Diskussionen haben wir unsere Kunstanschauungen gemeinsam entwickelt.

Und seit ich geheiratet habe, habe ich auch hier eine Familie. Viele Schwager und Schwägerinnern, Cousins und Cousinen, Nichten und Neffen. Einige der Freunde meines Mannes sind auch meine geworden. Noch eine Art Zuhause gibt es für mich in der Steiermark, im Wechselgebiet, wo ich mit meinem Mann lebe: Dieses Zuhause ist vor allem die Wohnung mit den vielen Büchern und dem Atelier, in dem ich arbeite.

Es sind die konkreten Situationen und Erinnerungen, die in mir ein Zugehörigkeitsgefühl und in diesem Sinn ein Gefühl von Identität auslösen. Wenn ich mich zuhause fühle, vor allem aber, wenn ich mich irgendwo fremd fühle, dann erst bin ich mit der Frage meiner Identität konfrontiert.

Ich glaube, ich habe mehr als eine Identität.

Eine ist vorgegeben – durch meine Herkunft und mein Aufwachsen: Sofia eben, die Eltern, die Kindheitserinnerungen, die Jugend.

Eine andere Identität ist die, die ich gesucht und mir ausgesucht habe: Ich wollte in den Westen, ich wollte nach Österreich, ich wollte anders leben, als es mir in Bulgarien vorgegeben gewesen wäre.

Wenn ich mich jetzt frage, wohin ich gehöre, finde ich keine eindeutige Antwort:

Wenn ich von Wien nach Sofia fahre und dort ankomme, habe ich das Gefühl, nachhause zu kommen; aber auch, wenn ich von Sofia nach Wien zurückkehre.

Auch scheint es, je nach den Umständen, zu geschehen, dass entweder die vorgegebene oder die ausgesuchte Identität vorherrscht: Wenn ich zum Beispiel auf dem Weg in die Steiermark in Gloggnitz an riesigen Feuerwehrwagen vorbeifahre, die systematisch einen auf der Straße angebrachten Blumentopf nach dem anderen gießen, dann ist das für die Bulgarin in mir eine so absurde Szene, dass ich weiß: In mancher Hinsicht kann ich nie eine Österreicherin werden.

Wenn ich aber in Sofia irgendjemandem eine praktische Frage stelle, dann fängt die Antwort fast immer mit einem langgezogenen, unbestimmten und trägen „Na ja" an, in dem ich deutlich spüre, dass ich diese Unwilligkeit, schnell und pragmatisch zu denken, zum guten Teil verlernt habe.

Manchmal wird mir aber bewusst, dass meine beiden Identitäten seltsam vermischt sind:

Wenn ich in Österreich bin und mit meinem Vater oder mit meinen Freunden in bulgarischer Sprache telefoniere, bringt mich das manchmal durcheinander. Dann fühle ich so, als befände ich mich zugleich in zwei verschiedenen Räumen und Zeiten. Ich bin dann so unsicher, dass ich glaube, meinen Wahrnehmungen nicht trauen zu können. Sowohl meine Gegenwart in Österreich als auch meine bulgarische Herkunft werden unwirklich.

Das physische und das sprachliche Zuhause passen nicht zusammen.

Die durch Herkunft, Familie und Sprache vorgegebene Identität. Die ausgesuchte Identität, in dem Land erworben, in das ich gezogen bin. Aber es gibt noch eine ganz anders geartete Identität, in die die zwei anderen Identitäten hineinspielen und in der sie vielleicht aufgehoben werden: Es ist die Identität, die durch meine Arbeit entsteht.

Während meines Studiums an der „Angewandten" habe ich gelernt, über Kunst analytisch nachzudenken und Fragen an die eigene Arbeit zu stellen.

Erst in Österreich habe ich die Traditionen der Moderne kennengelernt: Bei einer großen Ausstellung von Kandinsky wurde mir das erste Mal ein bildnerisches Denken deutlich, das auch stark analytisch geprägt ist. Hier habe ich auch begonnen, mich mit den Wiener und mit anderen Aktionismen auseinander zu setzen. Doch auch die alten Meister habe ich in Wien betrachten gelernt.

Auch in meiner Arbeit finden sich vielleicht sowohl meine vorgegebene bulgarische als auch meine in Österreich erworbene Identität: Meine Zeichnungen und Videofilme können als Vermischung des vergleichsweise strengen Denkens und Reflektierens, des analytischen Zugangs zur Kunst mit dem technisch-genauen zeichnerischen Handwerk verstanden werden, wie ich es im Kunstgymnasium in Sofia gelernt habe.

In Bulgarien sollten wir zu einer kommunistischen Identität erzogen werden. Diese Identität war aber verlogen und unnatürlich und stand im Widerspruch zur eigenen Wirklichkeit, zum eigenen Erleben und sollte jedes Bedürfnis nach Eigenständigkeit und Individualität abwürgen: Diese Identität war so sehr gegen mein Naturell gerichtet, dass es mir unmöglich war, sie zu übernehmen, und mir gar nichts anderes übrig blieb, als mich dagegen zu wehren.

Die anerzogene nationale Identität scheint mir künstlich und unselbstverständlich. Sie ist ein durch eine Ideologie vermittelter Begriff; es entspricht ihr kein Erleben, das für mich selbst entscheidend und das ich mir zu Eigen machen kann. Für mich ist die nationale Identität zu abstrakt und allgemein.

Es ist für mich eben das Konkrete, die Umstände, unter denen ich lebe, das, was ich tue (etwa meine Arbeit), die Identität schaffen. Ob es die Erinnerungen an die Kindheit und Jugend in Sofia sind oder das Leben in Wien und in der Steiermark: ein bestimmtes Bild, das ich zeichne, der Gang durch die Wiedner Hauptstraße, die Wohnung in der Steiermark.

Für mich ist Identität nichts Starres, sondern etwas, das Veränderung enthält, das sich im Lauf eines Lebens entwickeln, vervielfachen und vermischen kann. An verschiedenen Orten, zu verschiedenen Zeiten ist man ein wenig anders.

Luftwurzeln

VON TOM APPLETON

Unten auf der Schah-Reza liefen die vom CIA bezahlten Demonstranten mit Stöcken vorbei und riefen laute Parolen. Sie wollten Mossadegh absetzen und den Schah einsetzen. Wir lebten oben auf dem Dach des *Cinema Diana*, und ich wurde Zeuge eines Geschehens, das ich erst zwanzig Jahre später begriff. Meine Kindheit wäre jedenfalls anders verlaufen, wenn wir in Teheran geblieben wären. Aber wir zogen nach Shemran, zwölf Kilometer entfernt. (Heute ist das alles zusammengewachsen, es ist *eine* Stadt. Damals lag zwischen Teheran und Shemran eine wüstenartige Landschaft voller Schakale, mit hier und da ein paar schwarzen Nomadenzelten.) In Shemran besaßen wir einen großen Garten, und mein Blick ging in direkter Linie auf den Demawend, den zuckerhutartigen, großen Berg mit ewigem Schneering. Die armenischen Millionäre auf der anderen Straßenseite hatten eine Wasserleitung vom Demawend direkt in ihren Garten legen lassen. Die Quelle durfte auch von den armen Menschen in der Nachbarschaft für ihr Trinkwasser verwendet werden. Auch ich habe dort im Sommer oft klares, wunderbar schmeckendes Wasser getrunken. Ich lebte wie im Paradies. Ich war ein persisches Straßenkind, ich war auf dem Basar zuhause, bei den Bärentänzern und Akrobaten, bei den Geschichtenerzählern, bei den *Hamals*, den mittellosen Lastenträgern, ebenso wie bei den Millionären. Ich konnte überall dabei sein, denn ich war ein Fremder, ein *Farangi*. (Ganz recht: Auch die Klingonen sprechen, eine besondere Reflexion des amerikanisch-persischen Verhältnisses, *Farsi!*) Persien in den Fünfzigerjahren war eine Übereinanderschichtung vieler Zeiten, die alle gleichzeitig stattfanden. Die modernsten amerikanischen Straßenkreuzer standen überall herum, und ebenso pferdegezogene *Doroschkes* aus der Jahrhundertwende. Der *Sputnik* flog am Himmel, zugleich gab es Esel- und Kamel-Treiber, die direkt aus meiner Kinderbibel herausgetreten waren. Selbstflagellanten schlugen sich aus religiösem Wahn mit schweren eisernen Ketten blutig. Andere schlugen nicht sich selbst. Zwei große Vierzehnjährige verfolgten einmal mich. Ich versteckte mich dummerweise hinter einem dicken Baum am Straßenrand. Sie fingen mich, wie zwei Hunde, die sich auf ein Kaninchen stürzen. „So, Amerikaner", sagten sie. „Jetzt töten wir dich." „Ich bin kein Amerikaner", rief ich verzweifelt. „Ich bin Deutscher." „Oh, Deutscher", sagten sie. „Deutscher ist gut. Dann lassen wir dich leben." „Warum ist denn Deutscher gut?", fragte ich. Das Lob schmeichelte mir. Nun wollte ich wissen, wofür ich es bekommen hatte. „Die Deutschen sind gut, denn sie haben alle Juden umgebracht." *Oh*, dachte ich. Das wusste ich nicht. Und die Familie meines besten Freundes floh nach Amerika, weil sie Bahaʻi waren und nicht in Persien erschossen werden wollten. Ich erinnere mich an die Diskussionen, die wir hatten, ob in Amerika Englisch oder Portugiesisch gesprochen würde. Ich *wusste*, dass man in Amerika Englisch sprach, aber mein Freund meinte, in *seinem* Amerika spräche man Portugiesisch. Er zeigte es mir auf seinem kleinen Globus. Da oben das rote Amerika und da unten das gelbe. Nicht lange danach kam auch ich in ein neues Land. Ich kannte es bereits aus den Zeichnungen von Cefischer. Mit dem Mund gemalt, in der *Frankfurter Illustrierten*, jede Woche oder alle zwei Wochen: *Oskar der Familienvater*, ein Kater im rot-weiß gestreiften Bretonen-T-Shirt. Bretterzäune, Schnee, Platanen, genau wie in Shemran. Aber nie sah ich dieses Deutschland, als ich in Deutschland war. Erst 35 Jahre später, zufällig einen Tag *in Frankfurt*, zufällig an der richtigen Stelle stehend, sah ich die Platanen und erkannte: Oskar lebte in Frankfurt. Ich dagegen kam in den Taunus, 25 Kilometer entfernt von Frankfurt, halbwegs im Gebirge. Eine Frankfurt sehr unähnliche Gegend, grau in grün. Ich lebte in einem Schloss, es gab grässliches Essen, es gab nur alte Bücher in Frakturschrift und alle Erwachsenen waren religiöse Verrückte. Andacht, Beten, Ohrfeigen. Die Kinder, Bettnässer,

Kleptomanen, Stotterer, liefen hinter mir her und riefen: „He, Spinner, *sing*!" Wenigstens lachten sie, wenn ich sang. „*Má-rah bebus…*" Wenn ich dagegen „Im Frühtau zu Berge" sang, schräg wie einen griechischen Schlager, rief der Musiklehrer: „Falsch. Du singst *so falsch*!"

Und ich las alle Bücher, die es dort gab, ich vergiftete mich an Nazi-Jugendliteratur. Ein Segen, wenn einmal ein Buch von Enid Blyton, von Erich Kästner oder ein „Kampf der Tertia" dabei war. Alle Kinder lasen *Landser*-Romane. Sie lasen „Sigurd", „Nick", „Tibor", „Akim". Karl May. Ich hasste die miesen Zeichnungen von Rudi Wäscher, ich hasste die Idiotie von Winnetou und Co. Ich las irgendwann auch mal „Mein Kampf". Ich war zwölf, das Buch war viel zu schwierig für mich, ich verstand nur: Der jüdische Junge, der dort hinter dem Baum stand und auf ein blondes deutsches Arier-Mädchen lauerte, um es zu verderben – *das war ich*! Solange ich in Deutschland war, verließ mich dieses Bild nicht mehr. Neben jedem blonden Mädchen fühlte ich mich schmutzig. Meine Stimme klang hässlich, wenn ich Deutsch sprach. Was immer ich sagte, blieb buchstäblich unverstanden und unverständlich. Der Satz, den ich in Deutschland fast täglich hörte, mit der immergleichen doofen Intonation, war: „Wie meinst du denn das?" Ich fühlte mich unbehaust, un-zuhause, ich wollte nur immer fort von dort. Ich wechselte die Schulen oder flog raus. Achtmal, insgesamt. Man sagte mir: Du passt hier nicht her. Oder: Du gehörst nicht zu uns. Oder: Für so jemanden ist in unserer Mitte kein Platz. Und ich war umgeben von widerlichen Mitschülern und widerwärtigen Brüll- und Prügelpädagogen und Sechsenverteilern – am Elite-Gymnasium in Bad Godesberg ebenso wie im Edelinternat in Heidelberg, in der altehrwürdigen Oberrealschule in Coburg nicht minder als im Proleten-Gymnasium in Bonn. Und überall und immerdar: die widerliche, vergärende, verwesend-faulende deutsche Sprache, an die ich gekettet war wie an einen siamesischen Zwilling, dessen Leichengift in meine Adern drang. Ich hatte eine paranoide Angst vor Blutvergiftung, litt an

Verstopfung. Mein Körper wehrte sich gegen das Umfeld meines Lebens – gegen die widerlichen deutschen Schlager, die widerlichen deutschen Schauspieler, die widerliche deutsche Literatur, Bildung, Kultur, die widerlichen deutschen Politiker, Zeitungen, Läden, Geschäfte, Autos, Straßen, Maschendrahtzäune, Städte, Autobahnen und die widerlichen deutschen Dialekte, Sätze, Wörter. Und überall, immer wieder, das widerliche Rabimmel, Rabammel der deutschen Kirchenglocken. Und doch gab es in diesem riesigen, grauslichen Gefängnis *einen* Fluchtpunkt. Es war ein Sitz aus rotem Cord. Nicht immer der gleiche, aber meistens in der ersten Reihe. Im amerikanischen Kino in der amerikanischen Siedlung in Plittersdorf am Rhein. Sieben oder acht Jahre lang, manchmal täglich, an Samstagen zweimal, betrat ich diese Zeitmaschine und flog nach Hollywood. Das große Loch der stets mehr entschwindenden persischen Sprache wurde in meinem Kopf angefüllt mit den Stimmen amerikanischer Schauspieler. Ich war eins mit Troy Donahue und Faye Dunaway, Bugs Bunny, Pat Boone, Haley Mills, Zorro, Spencer Tracy. Ich hatte eine Heimat, in der nur ich zuhause war. Nebenher genoss ich den zivilisierenden Einfluss des *British Forces Broadcasting Service*, der dem abstoßenden Autoritärradio der deutschen Sender eine humorige, leichtfüßige Alternative entgegenhielt.

Alle meine Freunde waren Ausländer: Indonesier, Portugiesen, Brasilianer, Spanier, Franzosen, Amerikaner. Nichts war beleidigender als der Satz: Sie sind doch Deutscher! Erst Jahre später wurde mir bewusst: Ich hatte doch auch zwei deutsche Freunde. Ihr Hauptmerkmal war, dass sie schwarzhaarig waren und irgendwie – wie Perser aussahen. Als ich endlich Deutschland wirklich verließ, war es aber – aus Liebe. Dabei wusste ich gar nichts über Neuseeland. Es war Zufall, dass dieses Land so weit weg war, wie man nur irgend von Deutschland weit weg sein kann. Ich liebte Neuseeland, je länger ich dort war, umso mehr. Ich hatte Albträume, dass ich wieder in Deutschland sei. Wachte auf, schlief beruhigt wieder ein. Es war nicht so. Ich war in Auckland. Auckland war für mich die schönste Stadt der Welt. Ich hatte kein Bedürfnis, sie je wieder zu verlassen. Doch ich war auch hier der Fremde. Ich gewöhnte mir ab, mich als Deutschen auszugeben. Es gab Leute, die mich auf einer Party aufforderten, mit einem „Come on, you're a German!", ihnen den SS-Stechschritt vorzumachen. „Where were you during the war?", fragte mich ein anderes Mal ein weißhaariger Knallkopf beim staatlichen Rundfunk. Ich sagte es ihm: „I wasn't even born yet, you dumb fuck." Andere zeigten mir die erbeuteten deutschen Kriegsmaschinen im Auckland War Memorial Museum und sagten: „Oh, das muss komisch sein für dich, diese Waffen zu sehen, wo du doch ein Deutscher bist, und so was alles." Im Gegenteil, sagte ich. Ich bin froh, dass Deutschland den Krieg verloren hat. Ich bin froh, dass ich nicht in Deutschland bin, ich bin froh, dass ich in Neuseeland bin. Mein Vater, erzählte ich manchmal, kam als Sechzehnjähriger, 1914, in den Ersten Weltkrieg. Zu diesem Zeitpunkt war er schon sechs Jahre lang Kadett in einer Kadettenanstalt gewesen. Er ging in den Krieg als Offizier. Ihm unterstanden Soldaten, die wesentlich älter waren als er selbst. Mit siebzehn hatte er eine Schrapnell-Verletzung am Kopf. Und er war der einzige von allen seinen Klassenkameraden, der den Krieg überlebte. Er hatte sich schon mit zehn Jahren selber Türkisch beigebracht. Er verbrachte seine ganze Zeit im Ersten Weltkrieg damit, weiter Türkisch zu lernen, und er nahm später noch Persisch und Arabisch dazu. Mitte der Zwanzigerjahre ging er als Journalist nach Afghanistan, dann nach Persien und schließlich in die Türkei. Er bereiste auch jahrelang Palästina, Ägypten, Libyen, Marokko. Aber die Türkei gefiel ihm am besten. Er hat Istanbul besonders geliebt. (Tatsächlich machte mein Vater seine letzte Reise, mit achtzig Jahren, noch einmal in die Türkei.) Deutsche sind wir also eigentlich nur auf dem Pass, sagte ich. Aber ich irrte mich. Der stinkende Korpus der deutschen Sprache ließ sich nicht aus meinem Hirn verbannen. Zu intensiv hatte ich, von frühester Kindheit an, diese Sprache studiert. Hatte sie verglichen, geprüft, gespiegelt im Persischen. Hatte als Kind, wie kranke

Würmer, immer neue Übungssätze mühsam im Kopf gewälzt: Grammatik-Märchen. Bäume und Zweige ohne Blätter, eine fremde, unlebendige, mechanische Muttersprache. Aber sie blieb mir, wesend-verwesend, weiterhin im Innersten, intimitäts-, identitäts- und intellektbestimmend, maulwurfhaft, dumpf, dümpelnd, für sich allein weiterdenkend, erhalten. Hass oder Liebe hatten damit nichts zu tun, die Sprache war ein inneres Organ, verwachsen, angewachsen, ohne das ich nicht sein konnte. Ich musste notgedrungen zum Spion werden. Ein Spion im Haus der Sprache. Ich kehrte mein Inneres nach außen, mein Äußeres nach innen, drehte meine Seele wie einen Wendemantel. Wurde innen Deutscher, außen Amerikaner. From Hollywood. Las Jean Paul für mich und „All the President's Men" für den Job. Ich arbeitete als Journalist für Zeitungen, auf Englisch. Ich trat als Performance Poet auf, mit eigenen Texten und Gesängen, auf Englisch. Ich schrieb ein Musical, auf Englisch. („The songs all sound kind of Yiddish to me", sagte mir jemand. Sie klangen eben alle irgendwie *schräg*.) Ich arbeitete im Radio, auf Englisch. Und ich konnte das. Das ausgeprägte Sprachtalent war gleich doppelt in der Familie zusammengekommen. Mein Vater hatte zwölf Sprachen gelernt, meine Mutter sechs. Mein Onkel hatte den Zweiten Weltkrieg in Holland überlebt und sich als Holländer ausgegeben, in einer Atmosphäre, wo der leiseste falsche Zungenschlag zur tödlichen Denunziation Anlass gab.

Meine Tochter kam auf die Welt. In Auckland, ein kleines Maori-Baby. Ich begrüßte sie bei der Geburt auf Deutsch: „Hallo, mein Kind, willkommen auf der Welt. Ich bin dein Vater. Du wirst bald merken, dass ich mit dir in einer komischen Sprache spreche. Und dass die anderen Leute alle anders sprechen. Aber mach' dir nichts draus. Du wirst mich schon verstehen. Und außerdem tut ein Doppelkopf mit zwei Sprachen nicht wirklich weh." Ich folgte dabei offenbar einem Impuls, dem auch die polnischen Juden 600 Jahre lang gefolgt waren. Sie hingen am *Dajtsch*, an der *Mameloschn*, sie bot ihnen Intimität und Rückzugsmöglichkeiten. Ich lernte, dass Heimat in der Sprache ist, nicht in einem Land, nicht unter den Menschen. Ich sprach also Deutsch mit dem Kind, und sie sprach Englisch zurück. Nach sieben Jahren antwortete sie mir schließlich auf Deutsch. Heute spricht sie Deutsch, als wäre sie direkt dem Grips-Theater entstiegen, als wäre sie eine Kollegin von Justus Jonas und den Drei Fragezeichen oder ein Mitglied von TKKG. Mit anderen Worten, sie spricht mit einem gepflegten Berliner Akzent. Wir verbrachten einen Sommer in Berlin, in dem Jahr, als sie zehn wurde. Dies war die Stadt, in der ich geboren wurde. Ich erkannte das Haus, wo ich als Kleinstkind gelebt hatte, Am Kleinen Wannsee Nr. 6 A. Es wurde gerade abgerissen. Ich brauchte keine zwei Monate, um perfekt Berlinerisch zu lernen. Und ich merkte: Ich konnte es schon, weil mein Vater lange in Berlin gelebt hatte. Hier hatte er nach dem Zweiten Weltkrieg meine Mutter kennen gelernt. Sie arbeitete als Übersetzerin für die Engländer, er war Rundfunkmacher beim RIAS. „Sind Sie Armenierin?", fragte mein Vater. „Nein, ich komme aus Wien. Aber ich habe in der Türkei gelebt", sagte meine Mutter. Sie stammte aus einer Familie im dritten Bezirk in Wien. Es hieß, ihre Mutter (meine Großmutter) hätte sich zeitlebens nicht aus diesem Bezirk hinausbegeben. Der Großvater kam aus Brünn. Er war auf halbem Wege, ein Ordensbruder im Zisterzienserorden zu werden. (Die Mönche, die wie die Vampire in ihren Särgen schlafen.) Dann verliebte er sich in die dunkle Frau und musste sich vom Papst persönlich einen Dispens holen, um heiraten zu dürfen. (Oder so ähnlich.) Trotzdem hatten sie später Schwierigkeiten mit dem Arier-Nachweis. Meine Mutter ging noch vor dem Anschluss nach England, danach in die Türkei. In Ankara schüttelte sie Ata Türk die Hand. Dann verliebte sie sich in irgendeinen feschen Somebody, wurde schwanger. Und war prompt abgeschmiert. Mein türkischer Bruder wuchs auf in Österreich und in Berlin – während und nach dem Krieg –, eine Horror-Story. Meine Mutter, ums kurz zu machen, liebte die Türkei nicht. Es war der Ort ihrer tiefsten persönlichen Demütigung.

(Wien war der andere. Sie sprach nie über Wien, kehrte nie zurück.) Aber mein Vater liebte die Türkei – und meine Eltern verliebten sich auf Türkisch. Er nannte sie *Bülbül*, weil sie wie eine Nachtigall sang. Und sie verließen Berlin, an Istanbul vorbei, Richtung Teheran. Meine Mutter arisierte sich zuvor noch optisch: Sie wurde zur Flaschenblondine (und blieb es zeitlebens). Sie trug hohe Absätze und die neueste europäische Mode. Niemand sollte sie in Teheran für eine *Armani* – für eine Armenierin – halten. Aber wenn die *Almani* – die Deutsche – Persisch sprach, war ihr Akzent deutlich Türkisch. Deutsch sprach sie mit einem Akzent, den ich heute noch bei manchen überneunzigjährigen Damen gelegentlich höre. Im ORF-Radio. Es ist ein gepflegtes, offenbar in der Schule, in der BEA, so gelerntes wienerisches *Deutsch* – kein Österreichisch, kein Wienerisch –, freilich mit unzähligen lokalen Einsprengseln. Wenn ich es nachmache, kommt etwas dabei heraus, bei dem sich alle heutigen Wiener zerwutzeln. „Monarchie!", rufen sie aus, oder „Schönbrunnerdeutsch!" Oder: „Du machst den Heller nach!" Die andere Sprache, die meine Mutter gut konnte, war Schwedisch. Wie viele Wiener Kinder ihrer Generation war sie viele Sommer hindurch immer wieder nach Schweden geschickt worden. Die schwedischen Tanten waren es auch, die meine Mutter während ihrer Schwangerschaft mit Milchpulverkonserven versorgten, sodass ich bei der Geburt im hungrigen Berlin der Rosinenbomberzeit fünf Kilo auf die Waage brachte. Yeah. Ich bin ein Berliner.

Ich kehrte noch mal zurück nach Berlin, allein, im Winter, ein paar Jahre später. Für ein paar Jahre, wie ich dachte. Erkältete mich, lag mit Stirnhöhlenentzündung, Eiter aus der Nase, bei einer praktisch wildfremden Frau im Wohnzimmer, zwei Wochen lang. Und verließ die Stadt wieder. Dann kam der Trip nach Wien. Für ein paar Tage, die dann ein paar Jahre wurden. Und wieder so eine Liebesgeschichte, die dann kippte. Mit vierzig war ich also auf einmal, unerwartet, irgendwie zufällig, in Wien. In einer Stadt, an die ich kaum je einen Gedanken verschwendet hatte. An der mich nichts interessierte außer Qualtingers Karl Kraus-Lesungen, einer Ambros-Platte und ein paar zusammengewürfelten Büchern. „Gaulschreck". „Herr Felix Austria". „Anfangsbuchstaben der Flagge". „Der ewige Spießer". Dies war die Stadt, die meine Mutter mehr als fünfzig Jahre zuvor verlassen hatte. Ich entdeckte meinen türkischen Bruder. Entdeckte meine polnische Kusine. (Mein anderer Onkel, der Bruder meiner Mutter, hatte eine Polin geheiratet. Ihre sieben Brüder waren alle in Kanada. Nur sie blieb lange genug in Wien, um das Kind auf die Welt zu bringen. Das Kind blieb dann bei der Polnisch sprechenden Großmutter in Wien, die Eltern zogen, gemeinsam, weiter.) Als ich meine polnische Kusine besuchte, erschreckte ich sie. Sie stand in der Tür und glaubte, ich sei ihr früherer Mann. Sie war zehn Jahre mit einem Mann verheiratet gewesen, sagte sie, der mir zum Verwechseln ähnelte. *Oh je.* (Gott hat einen merkwürdigen Sinn für Humor.) Mein türkischer Bruder wollte mich zunächst gar nicht sehen. Schließlich arrangierten wir einen Treff in einem U-Bahn-Steh-Café. Ich erkannte ihn sofort. Und dann wohnte ich der Geburt einer Tochter bei – in Wien, im dritten Bezirk, keine hundert Meter von der Stelle entfernt, wo die Familie meiner Mutter schon hundert Jahre zuvor gelebt hatte. Und doch konnte ich meine Wurzeln nicht mehr aus der Luft in die Erde bringen. Ich war auch in Österreich ein *Piefkinese*. „Du bist doch ein Deutscher. Sag, was kostet dies und jenes in Deutschland?" Was weiß ich. Ich lebe seit dreißig Jahren nicht mehr in Deutschland. Ich könnte meinen Bruder fragen. Was auch kaum hilfreich wäre. Denn mein jüngerer Bruder lebt zwar immer noch in der Bundesrepublik – aber er hat sich sein Leben lang diesem Land auf andere Weise verweigert. Durch totalen Konsumverzicht. Er kauft nichts, braucht nichts, Deutschland hat ihm nichts zu bieten.

Inzwischen hat meine Tochter in Neuseeland, mittlerweile 25, selbst einen Sohn. Auch der junge Vater meines Enkels ist Maori, sodass das Kind noch viel deutlicher als Abkomme der polynesischen Seefahrer zu erkennen ist. Ich weiß nicht, ob meine Tochter ihm Deutsch beibringt. Aber vermutlich werde ich es tun, wann immer ich ihn sehe. Und ich hoffe, das wird oft sein. Unterdessen lebe ich im Burgenland, in einer Region Österreichs, die von einer Vielfalt an Völkern durchzogen wurde und heute von ihren Nachkommen bewohnt wird. Sofern sie nicht weiterzogen, nach Chicago meistens. Fred Astaire war ein Burgenländer, er sang sogar auf Deutsch. Auch seine Wurzeln waren Luftwurzeln: Sonst hätte er nicht solche Sprünge gemacht. – Was mich hierher brachte, war, wieder einmal, die Liebe, und ich hoffe, sie wird mich hier noch eine Weile halten. *Inshallah.* Meine Horror-Vision ist es immer noch, ich müsste irgendwann einmal, alt und schwach geworden, nach Deutschland zurück, und würde dort, als Sozialhilfeempfänger, in einer feuchtkalten Souterrain-Wohnung mit Blick auf die Mülltonnen in irgendeinem Hinterhof leben. Und als Kontrast dazu habe ich den Traum, wenn ich einmal alle Heinz Erhards und Heinz Rühmanns vergessen habe, eine Reise durch Deutschland zu machen. (Nicht unbedingt eine *Winterreise.*) Und dann ein liebevolles Buch über Deutschland zu schreiben. Ein *versöhnliches* Buch. Nachdem ich Deutschland wieder verlassen habe. Aber *auf Deutsch.* Ein Buch, in dem liebenswürdige, lächelnde, freundliche, vielleicht sogar humorvolle Menschen auftreten. Ist das eine zu große Hoffnung? Und dann möchte ich noch mich selbst, unter Aufsicht eines persischen Psychoanalytikers, hypnotisieren lassen, und wieder Persisch sprechen. Als Experiment. Und danach durch Persien reisen, und mit erwachsenen Augen das Land meiner Kindheit sehen. Und erfahren, ob es so etwas für mich gibt wie „Heimat", und ob ich darüber etwas schreiben kann. Auf Deutsch.

Meine Wurzeln waren schon immer da

VON TEREZIJA STOISITS

Der Mensch hat keine Wurzeln, denn er ist kein Baum. Aber er kann sich vorstellen, er habe welche. Und das tut jeder von uns. Dabei denken wir an Kindheit und Jugendzeit, an Vertrautes und lieb Gewonnenes. Tatsächlich sind diese Wurzeln nicht real, sondern leben in und von unserer Erinnerung, in unserer Vor-Stellung. Sie beruhen auf unseren Interpretationen der Wirklichkeit, auf unseren Interpretationen unserer eigenen persönlichen Geschichte und der erlebten und überlieferten Geschichte unserer Familien und unseres Umfeldes. Diese Interpretationen können verzerren, können täuschen, ja sie können objektiv falsch sein.

Deshalb ist diese Art von vorgestellten Wurzeln nicht weniger wichtig für uns. Im Gegenteil. Hier ähnelt der Mensch wieder dem Baum. Weder der eine noch der andere kann ohne Wurzeln leben. Sie geben Halt und festen Stand, durch sie fühlt man sich mit der Welt verbunden, durch sie hält man Kontakt mit der persönlichen Geschichte. Die Wurzeln, die Vergangenheit geben Kraft zur Bewältigung des gegenwärtigen Lebens.

Für Minderheiten sind diese Wurzeln, diese Erinnerungen und Vorstellungen besonders wichtig. Sie geben Vertrautheit in einer „anderen" Welt, sie bewahren das, was man für wichtig hält. Daher auch das Bestreben, die eigene Kultur und vor allem die Muttersprache an die Kinder, an die nächste Generation weiterzugeben.

Meine Wurzeln liegen im südlichen Burgenland. Meine Wurzeln sind also nicht „anderswo", in fernen Ländern und unbekannten Kulturen. Für mich waren sie schon immer da. Im Elternhaus, im Dorf, in Stinatz. Und auch für alle anderen in „Stinjaki", egal ob sie Resetarits, Grandits, Stoisits oder Zsifkovits heißen. Die meisten Stinatzer haben auch keine spektakulären

Familiengeschichten, keine Migrationserfahrungen. Natürlich wissen wir heute um unsere Geschichte. Stinatz, in der kroatischen Originalbezeichnung der Gründer „Stinjaki", ist eines der am besten erforschten Dörfer Österreichs. Wir kennen die Umstände der Besiedelung und wir wissen, dass es vor dem Zuzug der Kroaten kein Stinjaki gegeben hat.

Stinatz ist eine kroatische Neugründung im frühen 16. Jahrhundert. In einem der ersten Dokumente heißt es: „Nova villa Horvath fala vocata", wobei „Horvath fala" aus dem Ungarischen stammt und „Kroatendorf" bedeutete. Die ungarischen Grundherren hatten kroatische Untertanen aus ihren Besitzungen im Süden des heutigen Kroatiens umgesiedelt. So entstand vor fast 500 Jahren die kroatische Minderheit im heutigen Burgenland und in den angrenzenden Regionen Westungarns und der Slowakei. Die Agrarkrise und Epidemien im ausgehenden Mittelalter, dazu zwei Türkenzüge 1529 und 1532 hatten einen großen Teil der damaligen westungarischen Landstriche verödet oder verwüstet. Die Umsiedlungsaktionen wurden von den Grundherren, vor allem den Adelsfamilien Nádasdy, Erdödy und Batthyány, organisiert, die sowohl in Westungarn als auch in Zentralkroatien Ländereien besaßen. Auch militärstrategische Überlegungen spielten dabei eine Rolle. Südöstlich der Residenzstadt Wien sollte sowohl aus Versorgungs- als auch aus Verteidigungsgründen eine funktionierende ländliche Infrastruktur erhalten bzw. aufgebaut werden.

Nach vorsichtigen Schätzungen sind im 16. Jahrhundert etwa 20.000 bis 60.000 kroatische Siedler in das Gebiet des heutigen Burgenlandes, des südlichen Niederösterreichs, in Teile Westungarns, Südmährens und der Südwestslowakei umgesiedelt worden. In mehreren Schüben mischten sich Flüchtlinge und organisierte Umsiedlungen, wie erhalten gebliebene Anordnungen des Grafen Batthyány aus dem Jahr 1532 zeigen. Im 16. Jahrhundert machten die kroatischen Siedler rund dreißig Prozent der Bevölkerung aus. Der Großteil der Ansiedler waren Bauern, aber es gab auch Priester, Handwerker, Händler, Kleinadelige und Adelige.

Mitte des 16. Jahrhunderts regte sich Widerstand gegen die „Fremden", die „Anderen", also gegen unsere Vorfahren, die zur Urbarmachung ins Land geholt worden waren. Die Stände forderten Kaiser Maximilian II. auf, weitere kroatische Einwanderungen zu verbieten, die kroatischen Ansiedler durch deutsche zu ersetzen und nicht mehr zu Ämtern zuzulassen.

Nach anfänglichen Bedenken erließ Maximilian II. im Dezember 1573 eine Geheimverfügung, in der er den Forderungen der Stände entsprach und eine allgemeine rechtliche Diskriminierung der kroatischen Untertanen verfügte. „Wenn diese Kroaten auch mit ihrer Arbeit dem Lande nicht zum Schaden gereichen, sondern im Gegenteil, sie treu zur Bearbeitung des Landes beitragen, der Vergrößerung der Einnahmen, der Renten und des Reichtums, so müssen wir trotz allem achten, dass in Hinkunft aus der großen Zahl solcher Kroaten, Menschen mit anderer Nation und anderer Sprache, kein Schaden für die wahren Einwohner entsteht. Daher müssen wir die Kroaten in ständiger und sorgfältiger Demut halten", schrieb der Kaiser an seine Fürsten. (Diese Bestimmungen entsprechen inhaltlich im Übrigen den Diskriminierungen der heutigen Fremdengesetze!)

Stinatz/Stinjaki war deshalb mitten im Grenzgebiet zwischen der Steiermark und Ungarn eine isolierte kroatische Siedlung. Im Gegensatz zu den meisten anderen kroatischen Orten des Burgenlandes, die zusammenhängende größere Sprachinseln bildeten, war Stinatz abgelegen. Deshalb konnte sich ein – auch innerhalb des Burgenlandkroatischen – einzigartiger Dialekt, eine Vielzahl von nur hier bekannten Liedern, Trachten und Bräuchen entwickeln.

Die Burgenlandkroaten brachten aus ihrer ursprünglichen Heimat verschiedene Dialekte der čakavischen, kajkavischen und štokavischen Mundart mit, sodass die Umgangssprache von Ort zu Ort oft beträchtliche Unterschiede aufwies. Auch die Schriftsprache, das im 19. Jahrhundert vereinheitlichte Burgenlandkroatisch, unterscheidet sich beträchtlich von der modernen Schriftsprache der Republik Kroatien. Die kroatischen Siedler brachten auch ihre altkirchenslawische Tradition mit der so genannten glagolitischen Schrift und glagolitischen Liturgie mit. Zeugnis davon gibt das älteste schriftliche Dokument der Burgenlandkroaten, eine handschriftliche Eintragung in einem Messbuch in Klimpuh/Klingenbach aus dem Jahre 1564.

Während der Reformation wirkten im Burgenland auch verschiedene kroatischsprachige protestantische Lehrer und Theologen, die die ersten Publikationen in kroatischer Sprache im Burgenland schufen. Der bedeutendste unter ihnen war Pastor Gregor Pythiraeus-Mekinich, der zwischen 1609 und 1611 im mittelburgenländischen Deutschkreutz zwei protestantische Graduale in kroatischer Sprache, die „Dusevne peszne", herausgab. Dem Wirken der kroatischen Reformatoren war aber nur vorübergehender Erfolg beschieden. Dennoch stellen ihre literarischen Früchte den Beginn der kroatischen Schriftsprache im Burgenland dar.

Eine erste Hochblüte erlebte das Burgenlandkroatische in der Zeit der Gegenreformation, als kroatischstämmige Bischöfe und Jesuiten im 18. Jahrhundert religiös-erbauliche Werke unters Volk brachten. Die burgenlandkroatische Schriftsprache wurde nach den Regeln der ungarischen Orthographie geschrieben, ebenso die meisten Familiennamen. Bei diesen hat sich die ungarische Schreibweise bis heute erhalten. Typisch dafür sind Namensendungen auf „-ist", „-ich" und „-ics", allesamt ungarische Schreibweisen für das kroatische „-ić".

Das Burgenlandkroatische basiert vor allem auf dem so genannten „Čakavischen", einem der drei Hauptdialekte des Kroatischen. Es ist geprägt von vielen archaischen Ausdrücken und Sprachformen. Im Laufe der Jahrhunderte wurden zahlreiche Lehnwörter und Elemente der Syntax aus den benachbarten Sprachen Ungarisch, Deutsch und Slowakisch ins Burgenlandkroatische aufgenommen.

Typisch für die kroatische Sprache im Burgenland ist vor allem die Dominanz der lokalen Dialekte im alltäglichen Sprachgebrauch. Sie geben den Menschen Vertrautheit und werden als wichtiger Teil der Identität empfunden. Für mich ist das Stinatzerische ein wichtiger Teil meiner persönlichen Wurzeln. Die vereinheitlichte Schriftform des Burgenlandkroatischen wird vor allem in den Medien und offiziellen Texten verwendet, weniger im mündlichen Sprachgebrauch.

Das Burgenlandkroatische ist heute in sechs von sieben Bezirken des Burgenlandes und vor den übergeordneten Behörden in Wien und Graz als offizielle Amtssprache der Republik Österreich zugelassen. Es wird in den Volksschulen der zweisprachigen Gemeinden des Burgenlandes und Westungarns, an zweisprachigen Hauptschulen und Polytechnischen Lehrgängen und in einigen Mittelschulen unterrichtet, an der Universität Wien und der Pädagogischen Akademie in Eisenstadt gelehrt. Burgenlandkroatisch ist eine der offiziellen Liturgiesprachen der katholischen Kirche in der Diözese Eisenstadt. Die schriftliche Tradition des Burgenlandkroatischen geht auf den Beginn des 17. Jahrhunderts zurück. Das moderne Burgenlandkroatisch wird durch das Deutsch-Burgenlandkroatische Wörterbuch aus dem Jahr 1982 kodifiziert.

Die Geschichtsforschung hat sich viel mit der Herkunft, Ansiedelung und den Besonderheiten der Kroaten im Burgenland beschäftigt. Aber für uns Stinatzer war Stinatz immer da. Niemand kann sich an etwas anderes erinnern. Und niemand kennt jemanden, der etwas anderes zu berichten wüsste. Deshalb waren meine Wurzeln immer da und keinesfalls anderswo. Die Grundherren, später die staatliche Obrigkeit, die haben gewechselt. Die Stinatzer sind geblieben. Das Dorf gehörte zur Güssinger Herrschaft und damit den Batthyanys, später zum südwestungarischen Komitat Eisenburg, dann zum neu gegründeten Burgenland, dann zum Dritten Reich und nach der Aufteilung des Burgenlandes zum Gau Steiermark, dann zur Russischen Besatzungszone und wieder zum Burgenland. Die Herren haben gewechselt, das Dorf und die Menschen sind immer geblieben.

Sie haben verschiedene Hymnen gesungen und in verschiedenen Heeren gedient, sie haben häufig die Staatsbürgerschaft gewechselt, aber doch nie die Heimat. Heute sind die meisten Stinatzerinnen und Stinatzer – wie alle anderen Burgenländerinnen und Burgenländer vom Landeshauptmann bis zum Bischof – Österreicher der zweiten oder dritten Generation. Denn unsere Großväter und Urgroßväter waren Untertanen des Kaisers von Österreich, gleichzeitig König von Ungarn. Und in Wahrheit waren sie kroatische Stinatzer, die sich ihr Dorf selber geschaffen hatten. Das, was an ihnen als „anders" empfunden wird, liegt nicht an ihnen, sondern an jenen, die sich selber als Norm und die Kroaten von Stinatz als „anders" definieren. Wäre die Geschichte anders verlaufen, wären die StinatzerInnen möglicherweise mehr oder weniger „anders", aber sie wären doch sie selber geblieben.

Die Zeiten haben sich geändert, und mit ihnen auch die Vorstellung dessen, was Wurzeln ausmachen. Wie viele andere Burgenländer auch gingen zahlreiche Kroaten als Wochenpendler nach Wien. Das Kroatische wurde nicht mehr gebraucht, manchen schien es sogar rückständig. Die Wurzeln waren hinderlich geworden, alte Verbindungen erschienen plötzlich als Hemmnisse. Die burgenländische Sozialdemokratie legte ihren Leuten nahe, sich möglichst rasch zu assimilieren und die Wurzeln zu verleugnen. Die Weitergabe der Muttersprache an die Kinder war verpönt. Die SPÖ machte diese Politik im Burgenland zu ihrem politischen Credo. Mein Vater schickte mich und meine Geschwister deshalb in die deutschsprachige Nachbargemeinde in die Volksschule. Er wollte uns jene schmerzlichen Erfahrungen und Diskriminierungen ersparen, die seine Generation als „blede Krowodn" erfahren musste. Deshalb habe ich auch keinen einzigen Tag in einer zweisprachigen Schule verbracht.

Die Zeiten haben sich wieder geändert. Kaum jemand versteckt heute noch seine Wurzeln. Stinatzerinnen und Stinatzer sind heute in vielen gesellschaftlichen Bereichen erfolgreich und stolz auf ihre Wurzeln.

Das Selbstbewusstsein der Kroaten ist zurückgekehrt. Niemand schämt sich mehr seiner Herkunft. Trotzdem ist die Weitergabe der kroatischen Muttersprache und des kroatischen Teiles der Identität heute nicht mehr so selbstverständlich, wie es das durch fast fünfhundert Jahre war. In meiner Kindheit redeten wir alle Kroatisch. Die Kinder spielten auf den Straßen, Gassen und Feldern; es war normal Kroatisch zu reden. Alle konnten es, und niemand dachte sich etwas dabei.

Einmal in der Woche durften wir eine halbe Stunde Kinderfernsehen schauen. Aber diese dreißig Minuten deutschsprachigen Fernsehprogramms waren bedeutungslos neben der tagtäglichen kroatischen Realität in Stinatz, Stinjaki. Das Kroatische hatte eine Monopolstellung in den Bereichen Familie, Kirche, Volksschule und Dorfleben.

Diese Exklusivität gibt es nicht mehr und kann es in einer modernen Gesellschaft des 21. Jahrhunderts nicht mehr geben. Wer heute möchte, dass seine Kinder die Muttersprache erlernen, muss andere Wege suchen. Mein Sohn will nicht nur dreißig Minuten deutschsprachiges Kinderprogramm in der Woche sehen, sondern – zumindest wenn es nach ihm ginge – tagtäglich mehrere Stunden.

Es gibt heute kaum noch eine selbstverständliche kroatische Realität. In meiner Kindheit in den Sechzigern gab es diese Realität noch. Wir waren noch lokal „verwurzelt". Es machte einen Unterschied, ob man im kroatischen Stinjaki oder im benachbarten deutschsprachigen Ollersdorf aufwuchs. Und es machte einen Unterschied, ob man im Südburgenland oder in Wien seine Kindheit verbrachte. Heute wachsen die Kinder überall gleich auf. Fernsehen und Computer, Trends, „Ins" und „Outs" bestimmen das Leben, nicht mehr der Ort, das Dorf. Die moderne Urbanität ist längst auch auf dem Land zur Normalität geworden. Zuerst kamen die Pendler, dann die Computerarbeitsplätze. Die Mobilität und die Verbindung mit draußen ist wichtiger geworden als die feste Verwurzelung vor Ort. Inzwischen kann man im Dorf leben und doch kaum etwas mit dem Dorfleben zu tun haben.

Die urbane Lebenswelt ist der Ort, in dem die Generation von heute ihre Wurzeln schlagen wird. Meine Wurzeln waren noch geographisch verortbar. Ich kann noch an Stinjaki denken und sagen, meine Wurzeln waren immer da. Auch wenn diese Wurzeln auf meinen Interpretationen der Wirklichkeit, auf meinen Interpretationen meiner persönlichen Geschichte beruhen, sie haben einen klaren räumlichen Bezug. Mein Sohn wird das nicht mehr in dieser Form sagen können. Er wächst in einer anderen Welt, in einer globalisierten und räumlich indifferenten Welt auf. Er lebt zwar räumlich in Wien, aber auch das spielt keine wirkliche Rolle.

Es macht kaum einen Unterschied mehr, ob er in der Stadt oder auf dem Land aufwächst. In der gesamten westlichen Welt spielen, lesen und sehen alle Kinder heute annähernd das Gleiche. Wenn es um die Vermittlung der kroatischen Muttersprache geht, ist es manchmal sogar in der Stadt einfacher. An das Niveau des privaten Kindergartens der Burgenlandkroaten in Wien im Burgenländisch-kroatischen Zentrum kommt hinsichtlich der Sprachvermittlung kein öffentlicher burgenländischer Kindergarten in einer zweisprachigen Gemeinde heran. Denn hier haben sich Eltern zusammengefunden, die aktiv etwas für die Zweisprachigkeit ihrer Kinder tun wollen. In vielen zweisprachigen Gemeinden des Burgenlandes hingegen vertrauen die meisten Eltern noch immer auf die alltägliche Normalität des Kroatischen. Doch die gibt es heute nicht mehr. Und genauso wird es notwendig sein, auch im schulischen Bereich selber aktiv zu werden.

Mein Sohn wird seine eigenen Wurzeln für sich definieren müssen. Er wird es schwieriger haben, weil die Menschen an räumliche Bezugspunkte gewöhnt sind, und er diese nicht mehr finden wird. Aber er wird es auch leichter haben, weil ihn seine Wurzeln nicht so sehr binden werden. Worum es mir als Mutter geht, ist die Vermittlung von Werten, von Bewusstsein, von kroatischer Kultur. Und auch von Traditionen, von meiner Herkunft aus Stinjaki, dem kroatischen Dorf im Süden des Burgenlandes, das sich die Menschen selber geschaffen haben; von der Geschichte und der Sprache der Leute dort.

Es geht mir dabei nicht um die äußeren Formen der Traditionen, sondern um inhaltliche Aspekte. Es geht mehr um die Werte, die hinter den Formen stehen. Denn jeder Mensch braucht seine Wurzeln. Meine Verantwortung ist es, meinem Sohn eine Grundlage, einen Humus für die Entwicklung von Wurzeln zu bieten. Aber seine Wurzeln werden andere sein als meine, sie werden mobiler und universeller sein. Aber auch meine Wurzeln sind ganz anders geworden, als es die meiner Mutter waren.

Literatur

Geosits, Stefan (Hg.): Die burgenländischen Kroaten im Wandel der Zeiten, Wien 1986

Holzer, Werner/Münz, Rainer (Hg.): Trendwende? Sprache und Ethnizität im Burgenland, Wien 1993

Meine Mutter

von Barbara Rett

meine mutter, meine schwester und ich stehen am küchenfenster und schauen in den hof.
dort steht ein weißhaariger mann mit einem sonderbaren instrument. es klingt wie eine gitarre, aber es ist dreieckig.
der alte mann singt. sehr leise, mit schwacher stimme, aber meine mutter weint.

irgendwann, zweimal im jahr, steht er im hof und singt.
und meine stolze mutter weint, zweimal im jahr, irgendwann.
vom offenen fenster aus spricht sie lange mit ihm, in einer fremden sprache, die ich nicht verstehe.
ich denke, dass es vielleicht die sprache ist, die sie so traurig macht.

leute werfen kleingeld in den hof. wenn es aufschlägt, klingt es.
meine mutter wirft das geld nicht.
sie wickelt es in papier ein und wir kinder tragen es zu ihm hinunter. ich lege das geld in die hand des alten mannes.
„spaciba", sagt er, und nochmals „spaciba".

im namen meiner mutter lade ich ihn ein, auf einen teller suppe zu uns zu kommen.
manchmal nimmt er an. dann sprechen sie in der fremden sprache. ich verstehe sie nicht – die sprache und die unbekannte trauer meiner mutter.

der alte bettler geht von haus zu haus.
von hof zu hof, einmal im winter, einmal im sommer.
in manchen höfen steht auf einem emailschild:
„betteln, hausieren und musizieren verboten".

eines tages merke ich, dass der alte mann nicht mehr kommt.

*

Barbara Retts Mutter wurde als Deutschbaltin in Riga/Lettland geboren. Dort leben seit Jahrhunderten Letten, Deutsche, Russen und Juden zusammen. Nach dem „Hitler-Stalin-Pakt" von August 1939 werden die deutschen Balten „umgesiedelt". Jahrelang unterwegs durch Europa, landet sie 1945 in einem Flüchtlingslager in Innsbruck und lernt ihren Mann kennen. Seither lebt sie in Österreich.

Es ist nicht leicht, ein Österreicher zu sein

VON LOJZE WIESER

I.

Ich fühle mich oft sehr fremd, dieses Fremdsein ist wohl ein Teil meines Ichs, und bin zutiefst ich, wenn ich unter Fremden bin. Zugleich überkommt mich eine ungeahnte Befremdung, wenn ich fremdbestimmt, von außen dirigiert oder geformt werde. Und doch bin ich mir dessen bewusst, dass erst durch die Kommunikation des Eigenen mit dem Fremden und den Fremden eine eigene Subjektivität (Identität) entstehen kann. Mir ist auch bewusst, dass die Reflexion des Fremden im Eigenen eine Widerspiegelung der eigenen Unzulänglichkeit darstellt und einem Versuch gleichkommt, die eigenen Unzulänglichkeiten zu überwinden, sie als Triebfeder der Individualität und der Kreativität zur Steigerung des eigenen Bewusstseins zu nutzen. Die Möglichkeit, daran zu scheitern, ist groß, und doch, alles zu unternehmen, diesem Scheitern zu entkommen, birgt in sich nicht nur einen Reiz der Herausforderung, es ist auch der permanente versteckte Hinweis, sich selbst ernst, aber nicht zu wichtig zu nehmen.

II.

Wenn ich über solche Fragen nachdenke, fällt mir jedesmal das Gedicht von Srečko Kosovel ein, der zu Beginn des 20. Jahrhunderts, nach dem großen Schlachten für Nation und Staat im Ersten Weltkrieg, über die Frage nachdachte, wer und was wann und wo eine Seele hat und wie die Menschen in der Beurteilung dessen verschieden sind. Für mich ist dieses Gedicht auch deshalb so wichtig, weil es nicht nur eine grundlegende Haltung zum Umgang der Menschen miteinander zum Ausdruck bringt, es weist auch auf die uralte Frage hin, wie man mit Verschiedenheiten der Kultur, der Menschen, aber auch der Natur umgeht. Ich bitte Sie, mir die Aufmerksamkeit nicht zu entziehen, auch wenn ich dieses Gedicht hier in der slowenischen Originalfassung und in der deutschen Übertragung wiedergebe.

Kozmično življenje

Nekdo me je vprašal: Ali imaš dušo?

Rekel sem mu, da jo imam. Rekel sem mu, da verujem v njeno večnost in v njeno lepoto. Toda vprašal me je nadalje: Ali ima žival dušo? In odvrnil sem mu, da jo ima. A on dalje: Ali ima drevo dušo? In zopet sem mu odvrnil, da jo ima. Ujezil se je in me v jezi vprašal: Tudi kamen? In ko sem mu odvrnil, da jo ima, se je obrnil od mene.

Kako so čudni včasih ljudje! Ko jim pravim, da sta vesolje in vesoljna duša kakor nebo in morje, ki se zrcalita drug v drugem, verujejo. Ko jim pa pravim, da ima vsak pojav svoj sijaj v vesoljnem lesketanju duše, ne verjamejo, in včasih je vendar res, da ima kamen lepšo dušo kakor ljudje.

Kosmisches Leben

Einer fragte mich, hast du eine Seele?

Ich sagte ihm, ich hab eine. Sagte, ich glaube an ihre Dauer und an ihre Schönheit. Doch er fragte mich weiter: Hat das Tier eine Seele? Ich antwortete ihm, ja, es hat eine. Und er darauf: Hat der Baum eine Seele? Und wieder antwortete ich, ja, er hat eine. Da erzürnte

der andere und fragte mich voll Zorn: Auch der Stein?
Als ich erwiderte, der hat eine, wandte er
sich von mir ab.
    Wie komisch sind manche Leute! Wenn ich ihnen
erzähle, All und Allseele sind wie Himmel und Meer,
die sich eins im andern spiegeln, so glauben sie es.
Wenn ich ihnen aber sage, dass jede Erscheinung
ihren Schein im kosmischen Leuchten der Seele findet,
bestreiten sie es, und doch stimmt es manchmal,
dass der Stein eine schönere Seele hat als die Menschen.

III.

Meine Arbeit als Verleger und somit öffentlicher Mensch ist undenkbar ohne das Gegenüber, ohne den anderen, in der Regel einen Fremden. Auch wenn es ein Freund oder Bekannter, ein Geschäftspartner oder ein Mitarbeiter ist, so ist er oder sie doch meist mit der jeweiligen Materie, mit der er oder sie konfrontiert wird, besser vertraut als ich oder auch nicht, kaum oder zu wenig eingeweiht bzw. ein Fachmann oder eine Expertin, jemand, den man überzeugen, ihn oder sie für etwas gewinnen möchte, motivieren oder sich auch einfach mit seinen Gedanken konfrontieren möchte oder mit seinen konfrontiert werden will.

    Was ich damit zum Ausdruck bringen möchte, ist ganz einfach: Egal mit wem ich worüber spreche, immer geht etwas meines eigenen Gedankenguts oder meiner Ideen auf den anderen über, und ich erhalte neue, andere Sichtweisen, Gedanken und Blickwinkel, die mich, so oder so, beeinflussen, formen, in Beschlag nehmen, abstoßen oder zur Gegenrede animieren. Ich kann gar nicht ich sein, wenn ich nicht zugleich ein anderer bin.

    Peter Handke hat einmal in einem Gespräch über das Übersetzen gemeint, dass er beim Übersetzen in denjenigen, den er übersetzt, eintauchen, sich selbst bis zu einem gewissen Grade aufgeben und der andere werden muss, will er den Stil, den Ton, die Sprache und das Bild des zu Übersetzenden treffen. In dieser Zeit ist er über weite Strecken nicht er selbst, sondern vielmehr der, den er gerade übersetzt, z. B. Lipuš der Januš. Das macht es ihm unmöglich, in dieser Zeit selbst zu schreiben, was auch erklärt, warum er, wie er meinte, eigentlich so wenig Bücher übersetzt.

IV.

Ich habe beim Schreiben dieser Zeilen meine Notizen durchgesehen und mir in Erinnerung gerufen, was in den letzten Monaten geschehen ist, was ich gemacht habe und was an Aufgaben, Fragen oder Wünschen an mich herangetragen worden ist. Sie brauchen sich nicht zu fürchten. Ich werde jetzt nicht meinen Terminplaner offenlegen. Aber über einige Dinge, die in den letzten Monaten passiert sind, möchte ich doch auch an dieser Stelle nachdenken. Einige dieser Ereignisse scheinen mir exemplarisch für unser Thema zu sein. Sie zeigen die Wechselwirkung des Eigenen auf das Fremde bzw. auf das andere bzw. auf die oder den anderen. Und umgekehrt.

Vom 11. bis zum 15. August fuhr ich mit meiner Frau und zwei befreundeten Paaren auf Urlaub nach Istrien in die Ortschaft Sovinjak, wo ein weiterer langjähriger Freund ein Haus gepachtet hat. Wir wohnten bei ihm und seiner Frau bzw. bei Freunden von ihnen und trafen uns dort mit der Schriftstellerin Slavenka Drakuli? und ihrem Mann, Richard Schwarz, der gerade sein neues Buch „Das Dorf in Istrien" fertigstellte, das bei Hanser erscheinen wird. Mit Slavenka besprachen wir eine Veranstaltung, die im Rahmen des Steirischen Herbstes in Graz stattfinden sollte, und ich bat sie daran teilzunehmen: nicht nur weil diese Veranstaltung von unserer gemeinsamen Freundin, Ilma Rakusa aus Zürich, moderiert wird, sondern auch weil das Thema „Der Krieg, die Literatur und die Frauen" in einer männerdominierten Welt von besonderer Bedeutung ist, zumal die Frauen in Südosteuropa noch weiter zurückgestellt sind, als dies hierorts bekannt ist.

Wir nützten die Tage nicht nur für Gespräche und die Erkundung des Inneren von Istrien. Bei einem gemeinsam zubereiteten Essen, zu dem noch Nenad Popovič, Verleger aus Zagreb, und andere Freunde aus der Umgebung dazukamen, wurden bei Fisch, *Kalbskotelett iz podpeke*, Čevapčiči und Wein die neu entstandene Situation in Kroatien nach Tudžmans Tod, die Auswirkungen auf den Friedensprozess in Ex-Jugoslawien und die Berechtigung der von einigen österreichischen politischen Kräften und Teilen der Regierung aufgestellten Forderung nach Junktimierung der Beneš- und AVNOJ-Dekrete bei den Assoziationsgesprächen diskutiert. Mit unserem Gastgeber hatten wir einige unterschiedliche Auffassungen, was die innerösterreichische Entwicklung anbelangt, die Osterweiterung betreffend viele Gemeinsamkeiten. Dies ist umso erfreulicher, als er ab Oktober Korrespondent der *FAZ* für die Länder Tschechien, Slowakei, Ungarn und Rumänien sein wird und wir hier, was unser beider Arbeit angeht, viele Möglichkeiten der synergetischen Nutzung sehen.

Die Schönheiten Istriens konnten wir mit Hilfe eines zweitausend Seiten starken Istrienführers, der bisher nur in Italienisch vorliegt, noch besser erkunden. Die Begeisterung der Mitreisenden war, will man sie als empirischen Gradmesser nehmen, überwältigend.

In diesen Tagen ereilte mich in Istrien ein Anruf des Bayerischen Rundfunks. Der Mitarbeiter des Rundfunks informierte mich über die neuesten Ereignisse in Kosovo/Kosova. Die *Ärzte ohne Grenzen* würden sich aus Protest gegen das Verhalten der Albaner gegenüber den Serben zurückziehen und die Zusammenarbeit mit der UNPROFOR aufkündigen, bis diese gegen den albanischen bzw. jeglichen Nationalismus konsequent auftritt. Die Bitte des Bayerischen Rundfunks an mich: ob ich in einem Kommentar dazu Stellung beziehen könnte. Wenn möglich bis übermorgen, der Beitrag solle nicht länger als vier Minuten sein und nach Möglichkeit die Geschichte des Konflikts von den serbischen Geburtsstätten bis zur Lösung des Konflikts in einem Bogen überblicken. Man wisse über meine Zeitknappheit Bescheid, aber ob es nicht doch möglich sei?

Ich bat um Bedenkzeit. Wir vertagten die Entscheidung vom 14. auf den 15. vormittags. Ich versuchte den amtierenden Leiter der Österreichischen Botschaft in Beograd, Werner Almhofer, und den Mitarbeiter von Kouchner, Jan Kickert, in Priština zu erreichen. Ich konfrontierte meine Reisegesellschaft mit dieser Frage und versuchte ihre Haltung auszuloten. Ich telefonierte mit dem Hohen Repräsentanten für Bosnien und Herzegowina, Wolfgang Petritsch, und habe mich mit ihm über seine Sicht der derzeitigen Lage in Kosovo ausführlich beraten, und obwohl wir im Limski fjord bei Austern, Fisch und Wein saßen, beschäftigte mich die von außen an mich herangetragene Bitte mehr, als ich es mir wünschte, zumal ich nicht wusste, ob es in dieser kurzen Zeit möglich sein würde, alle Aspekte der Frage und der neu entstandenen Situation genügend abzuwägen. Ich schrieb nach meiner Rückkehr am 16. August meinen Kommentar, nahm ihn am 17. im Landesstudio des ORF auf und überspielte ihn nach München, wo er noch am selben Tag gesendet wurde. Ich möchte diesen Beitrag an dieser Stelle eingliedern, steht er doch als Beispiel dafür, wie die Außenwirkung die Eigenwirkung beeinflusst und wiederum Einfluss auf die Außensicht nimmt, wie sich das Fremde im Eigenen spiegelt und das Eigene durch das Senden via Radio Einfluss auf andere nimmt und sich in einer von uns nicht bestimmbaren Weise wiederum im Fremden wiederfindet.

Wir werden leben im Zeitalter des Messers

So lautet der Titel des letzten Gedichts von Vasko Popa, geschrieben Ende des Jahres 1990 auf der Insel Vis, wo der 1922 im Banat geborene surrealistische Dichter am 6. Jänner 1991 verstarb.

Das große Messer wird alles
Was es berührt entzweischneiden
Sogar uns selbst

Wir werden erleben wie das Messer
Sich selbst auf seiner Spitze aufspießt
Und wie es hingerichtet wird
Von seinen Schneiden
Wir werden unsere Hälften zusammensetzen
Aber sie werden einander

Nicht erkennen

Vasko Popas prophetisch-warnende Befürchtungen sind im letzten Jahrzehnt eingetroffen und schrecklich wahr geworden. Seine Stimme wurde nicht gehört, wie auch nicht die Stimmen der Menschen, die sich immer lauter der Missachtung ihrer Menschenrechte entgegenstemmten. Was folgte, ist sattsam bekannt: bewaffnete Auseinandersetzungen, Bomben, Vergeltungsaktionen, Vertreibung, Tod.

Auf der Grundlage mythischer Überzeichnung nationalistischer Wurzeln wurden Rechtfertigungen fürs barbarische Vorgehen gesucht. Dem jüngsten blutigen Konflikt voran ging jedoch eine lange Geschichte der Koexistenz von Albanern und Serben im Kosovo, die nicht, wie es die nationalen Historiographen darstellen, von einer durchgehenden Feindschaft gekennzeichnet war. Die Politik bedient sich jahrhundertealter Mythen, um den jeweiligen Herrschaftsanspruch zu begründen. Für Teile der serbischen Elite wurde Kosovo zu einem sich laufend fortschreibenden „Text", durch den der Diskurs der Identitätsbestimmung stattfinden konnte. Wie man weiß, haben nationale Mythen, ihre Genese und Instrumentalisierung maßgeblich zur Geschichte der Beziehungen zwischen Serben und Albanern im 20. Jahrhundert beigetragen.

Als nach fast zwei Jahrzehnten systematischer Unterdrückung des

Kosovo auch die durch die internationale Gemeinschaft geführten Verhandlungen in Rambouillet scheiterten, wurde offensichtlich, dass eine Lösung nur im Rahmen einer umfassenden Demokratisierung ganz Serbiens und eine interimsmäßige Befriedung nur mit sichtbaren internationalen Akzenten möglich sein kann.

Die neuesten Ereignisse, die zum Rückzug der Ärzte ohne Grenzen führen, sind kein gutes Zeichen, zeigen sie doch auf, wo die Schwierigkeiten bei der Schaffung einer Zivilgesellschaft liegen: eine Normalität zu schaffen unter Bedingungen des Despotismus und Totalitarismus, wie dies in Serbien nach wie vor auf der Tagesordnung ist, und unter Bedingungen, in der die Opposition zerstritten, planlos und insbesondere in der Kosovo-Frage nach wie vor unentschlossen ist, weiters in einer Zeit der bevorstehenden Wahlen im Oktober in Serbien. Die augenscheinliche Ohnmacht der internationalen Schutztruppen ist nicht zuletzt auch eine Widerspiegelung der internationalen Politik, wo zu befürchten ist, dass auf diplomatischem Parkett die Rahmenbedingungen für Einflussmöglichkeiten geortet werden. Das bringt auch genügend Probleme mit sich: Kaum hat man sich auf die nach den NATO-Bombardements geschaffene Situation einzustellen begonnen und versucht, mit der neu entstandenen Situation umzugehen, wird in der Region der Spieß umgedreht. Man ist damit konfrontiert, dass offensichtlich in einigen Teilen die albanische Seite und in anderen Teilen die serbische Seite die Emotionen nicht unter Kontrolle halten können. Die albanische Seite wohl aus Enttäuschung, keine nationale Staatssouveränität erreicht zu haben und doch mit der NATO im Rücken „gesiegt" zu haben, was einigen lokalen Führern vermeintlich das Recht gibt, willkürlich mit Menschenleben umzugehen. Und andererseits scheinen kriminelle Elemente mit scheinpolitischen Positionen im Machtkampf punkten zu wollen. Und wie es aussieht, spielt sich das auf beiden Seiten ab.

Diese Tatsache zeigt auch auf die offensichtliche Schwierigkeit: Möchte die internationale Schutztruppe jederzeit die Kontrolle über alles, was im Kosovo geschieht, haben, müsste sie neben jeden Zivilisten einen Soldaten stellen. Die jahrelange Missachtung der Menschen-

rechte im Kosovo und die Entladung letztendlich vor der breiten Weltöffentlichkeit wirkt noch immer nach; es ist wie der Druckaufbau in einem „Kelomat" und zeigt auf die Gefährlichkeit wie auch auf die Komplexität der Frage hin.

Es könnte aber auch ein Fingerzeig sein, einerseits bei jedem Auftreten von Gewalt und Menschenrechtsverletzungen hart und mit allen Mitteln solche Willkürakte zu unterbinden und andererseits das erforderliche Einfühlungsvermögen aufzubringen, zwischen demokratischem Menschenrecht auf Sprache, Kultur, Geschichte, Gegenwart und Zukunft des Einzelnen und der Knechtung des Individuums durch andauernde Mobilisierung von nationalistischen Mythen und deren Instrumentalisierung zu unterscheiden.

Der Aufschrei der Ärzte ohne Grenzen ist ein deutlicher Hinweis darauf, dass wir einer demokratischen Lösung so lange nicht näher kommen werden, solange die internationalen Akteure nicht jeden Willkürakt entschieden zurückweisen und endlich demokratische Formen der Ahndung in einem demokratischen Rechtsstaat durchsetzen.

Was aber nicht nur den handelnden internationalen Vertretern vor Ort Weitsichtigkeit abverlangt, sondern auch die Strategen des demokratischen Einigungsprozesses in Europa fordert, endlich zu erkennen, dass die Kosovo-Frage nicht nur für die nähere Region am Balkan von entscheidender Bedeutung ist. „Die Überwindung antiquierter nationalstaatlicher Konzepte, wie sie immer noch in den Köpfen der politischen Klassen nicht nur in Staaten Ex-Jugoslawiens festsitzen, könnte mit Hilfe einer fortschrittlichen Kosovo-Lösung befördert werden", schreibt der damalige Rambouillet-Verhandler Wolfgang Petritsch im Nachwort zu seinem Buch „Kosovo-Kosova".

Der ungelöste Widerspruch, vor dem Europa steht, liegt nach einem Jahrzehnt der Wiederkehr des Krieges nach Europa im Grunde auf der Hand: für die einen das Recht auf Nationalstaat, für die anderen die demütige Existenz als Minderheit. Demgegenüber kann nur ein demokratisch vereinigtes Europa der Kulturen ein Ausweg sein. Es entzieht dem Nationalismus auf Dauer den Boden, fördert die Demokratie für alle, ob groß oder klein, und besiegt den Zwang, sich über andere zu stellen. Nicht zuletzt würde es das gleichberechtigte Nebeneinander der Unterschiede erst ermöglichen. Europa ist gefordert, einen großen demokratischen Wurf für seine Zukunft zu machen oder sich in unendlichen Fehden, Scharmützeln, Feindschaften und Kriegen zu verstricken. Einzig und allein – was Europa dazu braucht, ist Zivilcourage und Mut.

Das zum Umgang mit dem Fremden. Und das Krisengebiet Kosovo/Kosova wirkt wie ein Fremdkörper in einem modernen „eigenen" Europa. Ist es doch nichts anderes als ein besonders bezeichnendes Beispiel für die Schwierigkeit im Umgang mit der Akzeptanz der Verschiedenheit.

V.

Ich habe mich nicht ganz an die Vorgabe der vier Minuten gehalten. Es wurden etwas mehr als sechs. Aber kommen wir zur anfänglichen Aufgabenstellung zurück. Im Grunde habe ich bisher nur einen Bruchteil der Geschehnisse erzählt, die sich in fünf Tagen zugetragen haben. Und schon diese wenigen Begebenheiten zeigen, dass der Mensch ohne lebhafte Kommunikation zwischen dem Eigenen und dem Fremden, dem, was ihn beschäftigt, und dem, was von außen auf ihn zukommt, nicht existieren kann. Er kann es vielleicht, wenn er sich vollkommen zurücknimmt und keinen Anspruch erhebt, ein bewusst denkender und handelnder Teil der Gesellschaft zu sein, und wenn er sich gewaltsam den auf ihn niederprasselnden Informationen und Anforderungen verschließt. Es ist demnach gar nicht möglich, ohne das Eigene, das sich den Weg zum anderen auf alle Fälle sucht, zu existieren. Doch wie verhält es sich mit dem Fremden und dem Eigenen? Erlauben Sie mir, Sie auch hier mit einigen Beispielen aus den letzten Monaten zu konfrontieren, und sehen Sie mir bitte nach, wenn ich Sie wiederum in die Praxis meiner Tätigkeit als Verleger entführe.

Während der Politischen Gespräche beim Europaforum Alpbach ergab es sich, dass sich sowohl Erhard Busek als auch der dort anwesende Wolfgang Petritsch bereit erklärten, die „Wieser Enzyklopädie des Europäischen Ostens" (WEEO) in einem Hintergrundgespräch Vertretern der Medien zu präsentieren. Das war in den Tagen, als versucht wurde, Erhard Busek als Regierungsbeauftragten für die Osterweiterung in der Öffentlichkeit zu diskreditieren.

Die Politischen Gespräche in Alpbach standen unter dem Motto der europäischen Integration. Für mich waren die Diskussionen um die Fragen der europäischen Integration unwahrscheinlich spannend. Nicht nur, weil ich seit fast zwei Jahrzehnten damit beschäftigt bin, Literatur und Kultur aus der anderen Hälfte Europas zu vermitteln, also in konkreter Form mit den Integrationsbemühungen auf Tuchfühlung lebe, sondern auch weil die nunmehr gut sieben Jahre dauernden Vorbereitungen zur Herausgabe einer Enzyklopädie des Europäischen Ostens in eine sehr konkrete Phase übergehen. Im Herbst 2001 soll der erste Band der WEEO erscheinen, der Band über die Sprachen in der östlichen Hälfte des europäischen Kontinents.

Aber zurück zu Alpbach. Ich denke, es ist kein Zufall, dass diese Fragen zunehmend emotional und kontroversiell diskutiert werden. Der Krieg in Ex-Jugoslawien hat uns deutlich vor Augen geführt, dass es Europa bisher nicht gelungen ist, an die Frage der kulturellen und der wirtschaftlichen Unterschiede so heranzugehen, dass dadurch nicht neuer Konfliktstoff entsteht. Ein Blick auf die Definitionen, die bei diesem Treffen gegeben wurden, was Europa ist und worunter Europa zu verstehen ist, wird die Tiefe der Verwirrung und die Breite der Ratlosigkeit deutlich machen.

Von einigen der dort Anwesenden wurden Positionen vertreten wie: „Die 15 EU-Staaten sind Europa. Das Europa des Euro. Das Europa von Schengen. Das Europa von Maastricht. Europa sind diejenigen Länder, in denen die römisch-katholische Religion vorherrscht. Die abendländische Kultur ist Europa." Wer zu Europa gehört, nach welchen Kriterien er dazu gezählt werden kann, ab wann und vor allem auf welcher ethnischen und ethischen Grundlage, war nicht nur Gegenstand heftiger Dispute, es zeigte auch die heillose Verwirrung, die um sich gegriffen hat, wo die verschiedensten Meinungen nicht nur konkurrieren, sondern versuchen, ihre theoretische Begründung für die Dominanz der eigenen gegenüber der fremden Meinung zu liefern.

In einer Zeit, in der sich die Magier der Neustaaterei, wie es Jir?i Gruša, Schriftsteller, Mitbegründer der Charta 77 und heutiger Botschafter der Republik Tschechien in Österreich, formulierte, am Prozess der Souveränitätsminderung beteiligen, in einer Zeit, in der die Identitätsfalle immer schneller und eindeutiger zuschnappt, wo das Gleiche bloß gefordert wird, um nur seinesgleichen zu bewahren, nehmen Propheten und Evangelisten überhand. Sie fuchteln mit einer europäisch gestempelten *Green Card* und würden am liebsten allen, die in die EU eintreten möchten, das Recht auf eigene Sprache verwehren. Man habe schon mit den drei dominierenden Sprachen der EU genug Probleme, und man wisse um die Probleme des Europarats, der sich mit den elf (!) anerkannten (!) Sprachen herumzuschlagen hat. Alleine im Osten Europas werden weit über siebzig Sprachen gesprochen, ungefähr gleich viel wie im Westen.

Wir leben in einer Zeit, in der Hegemonien auf intellektueller Ebene ausgeübt werden, und es zeichnet sich ein Interventionismus durch Unterlassung ab. Oder wie soll man es deuten, wenn ernstlich darüber debattiert wird, dass 1.500 englische Wörter für eine gesamteuropäische Verständigung genügen? Wie soll sich ein kroatischer Fischer oder ein tschechischer Schneider authentisch an die EU wenden, wenn ihm das Instrument der Sprache von vornherein genommen bzw. auf ein unwürdiges Maß in einer ihm fremden Sprache gekürzt wird? Um keine Missverständnisse aufkommen zu lassen: Jeder soll, so nur irgend möglich, Englisch lernen. Auch andere Sprachen soll er/sie beherrschen. Aber seine eigene Ursächlichkeit, seine Psyche und seine Seele, sein Tun und Wollen, sein Lachen und sein Weinen, soll er in der jeweiligen mit der Muttermilch mitgegebenen Sprache ausdrücken können. Im selben Atemzug wird aber von den einen die Festigung der 15 EU-Staaten zum mächtigen europäischen Block gefordert, um sich der neuerlichen Demütigung durch die Amerikaner zu entziehen, wie dies im Falle Ex-Jugoslawiens oder zuletzt beim Kosovo geschehen sei, wie einige Redner die misslungene diplomatische Lösung beim Kosovo und den Sezessionismus in Jugoslawien und die letztendliche Beihilfe, die von den Amerikanern gefordert wurde, benannten. Andere wiederum möchten eine erweiterte EU, da sie nur darin eine Chance sehen, gegenüber den Amerikanern auf dem Weltmarkt zu bestehen.

Beide haben, trotz ihrer nach außen hin scheinbaren Unterschiedlichkeiten, eines gemeinsam: nämlich, dass sie sich nur als wirtschaftlicher und militärischer Block gegenüber den Amerikanern etablieren möchten und als Basis jeweils das bisher Erreichte und die derzeit existierende Nationalstaatlichkeit sehen. Ja nichts verändern, ist die Devise. Darum ist diesen Theoretikern der eingeschränkten europäischen Einheit die Sprache und Kultur eine Bürde und Erschwernis, die man bei Gott nicht einmal ansprechen, geschweige denn anrühren soll. Deswegen beharren sie auf der schon längst und immer häufiger in Frage gestellten Nationalstaatlichkeit, deshalb sprechen sie von einem Europa der Vaterländer und Regionen, und deshalb ist ihnen ein Europa der Muttersprachen und Kulturen unvorstellbar, weil ungewohnt. Sie hoffen durch Ignorieren der kulturellen Unterschiede die zuhauf aufbrechenden Trennlinien in Europa auch weiterhin überdecken bzw. im Nebel der Verwirrung Menschen und Kulturen gegeneinander ausspielen zu können.

In den Diskussionen rund um diese Frage wurde aber auch wiederum sehr deutlich, dass es einigen Debattenrednern derzeit gar nicht um die Überwindung der bestehenden Trennlinien innerhalb Europas geht, sondern nur um die Überwindung jener

Trennlinien, die das Erstarken eines wirtschaftlich-militärischen europäischen Blocks behindern.

Die Gefahr ist sehr groß, dass unter solchen Gesichtspunkten angeblich marginale Fragen wie Sprache und Kultur unter den Tisch fallen und dass die Sensibilität gegenüber den Befürchtungen von Außer-EU-Staaten, Menschen, Minderheiten und Völkern, die sich sehr häufig in der Geschichte als ante-mural und unerwünscht gefühlt haben, gar nicht aufkommt. Wenn man sich die Argumente aus Alpbach vor Augen hält, scheint dies nicht ganz unbegründet zu sein. Von Seiten zahlreicher Diskutanten ist man offensichtlich so überzeugt von der eigenen Richtigkeit – um nicht zu sagen hegemonialen Voreingenommenheit –, dass scheinbar neuerlich über Fragen hinweggewischt wird, die unseren Kontinent seit nun gut einhalb Jahrhunderten mit tiefen Gräben durchziehen.

VI.

Ich denke, dass man die unterschiedlichen Kulturen und Sprachen Europas nicht mehr negieren kann. Es gibt eine Vielzahl derer, die sich gegenüber der zur Schau getragenen Arroganz seit langem zur Wehr setzen und deswegen nicht immer und von vornherein als nationalistisch bezeichnet werden können. Die Psychologie der Menschen, die in erster Linie in ihrer Kultur und Sprache zum Ausdruck kommt, kann nur beschränkt strapaziert werden. Jeder weiß es aus eigener Erfahrung: Wenn der Bogen überspannt wird, kann es leicht auch zu unüberlegten und falschen Handlungen und Reaktionen kommen. Diese Menschen, ob Katalanen, Iren, Basken, Bretonen, Slowenen, Aromunen, Slowaken und wie sie alle heißen, haben alle ihren ureigenen, originären Beitrag zur europäischen Vielfalt geleistet, und sie können nicht ewig bitten und betteln gehen, damit sie mit ihrer Seele zur Kenntnis genommen werden. Der Krug geht so lange zum Brunnen, bis er bricht.

Viele Menschen aus den verschiedenen Kulturen sind als Minderheiten – mit mehr oder weniger Rechten ausgestattet – geduldet, toleriert. Oft nicht einmal das. Ihnen wurde in diesem Jahrhundert auf eindeutige Weise vermittelt, dass sie nur etwas darstellen, wenn sie einen eigenen Staat haben. Die zahllosen ethnischen Säuberungen der letzten hundert Jahre sind Beweis genug. In seinem Buch „Canettis Angst" belegt das Rüdiger Wischenbart auf eindrucksvolle Weise:

„Noch um die Jahrhundertwende war der ethnische und kulturelle Reichtum in ganz Ost- und Südosteuropa eine Realität. National homogene Territorien waren östlich und südlich von Deutschland die Ausnahme, verschlungene Muster aus Dörfern und Städten, zwischen denen keine Kulturgrenze drei Fuß weit gerade verlaufen konnte, die Regel.
Erst mit den Friedensverträgen von Versailles, nachdem die europäischen Großmächte den Kontinent mit einem Krieg von noch nie gesehenen Ausmaßen überzogen hatten, wurde unter dem Titel des ‚Selbstbestimmungsrechtes der Völker' ein Grenzregime eingeführt, das zu Entflechtungen, Umsiedlungen und Vertreibungen im großen Stil führte.
Der Zweite Weltkrieg brachte eine zweite Welle ethnisch-völkischer Vereinheitlichung ins Rollen.
Der Austausch von Menschenmassen, der Hunderttausende, manchmal sogar Millionen erfasste, wurde zum regulären Instrument der Konfliktlösung und Sicherheitspolitik.
So wechselten – ohne dass diese Aufstellung vollständig wäre – allein im Südosten bald nach dem Ersten Weltkrieg
1,200.000 Griechen aus der Türkei nach Griechenland,
120.000 Bulgaren von Griechenland nach Bulgarien,
50.000 Griechen von Bulgarien nach Griechenland,
200.000 Türken aus Rumänien, Bulgarien und Jugoslawien in die Türkei, 400.000 Ungarn aus Rumänien, Jugoslawien und der Tschechoslowakei nach Ungarn,

150.000 Deutsche nach Deutschland und Österreich.
Während des Zweiten Weltkriegs folgten an die zweieinhalb Millionen Deutsche dem Ruf ‚Heim ins Reich' oder flüchteten, als die deutschen Armeen geschlagen waren.
2,700.000 Deutsche wurden nach 1945 aus der Tschechoslowakei vertrieben.
1941 tauschten Bulgarien und Rumänien in der Dobrudscha rund 110.000 Rumänen und 62.000 Bulgaren aus.
1946/47 tauschten die Tschechoslowakei und Ungarn 100.000 Slowaken und 100.000 Ungarn aus.
Die Grenzverschiebungen zwischen Polen, Deutschland und der Sowjetunion setzten mehr als vier Millionen Polen, eine halbe Million Ukrainer und Weißrussen, 50.000 polnische Juden in Marsch.
Die Grenzziehungen zwischen Italien und Jugoslawien rund um den Streitfall Istrien erzwangen die Auswanderung von 140.000 Italienern."

Mit jedem neuen Staat entstehen auch neue Minderheiten, entsteht neues Unrecht, werden Mythen gebildet und Traumata gezüchtet, die von Generation zu Generation weitergetragen werden. In Kärnten wird z. B. seit achtzig Jahren der Sieg des deutsch dominierten Nationalstaates über den Versuch der Bildung einer eigenen slowenischen Einheit innerhalb eines Königreichs der Serben, Kroaten und Slowenen gefeiert. Den Deutsch-Österreichern, wie sie anno dazumal genannt wurden, war das Glück hold, den Slowenen nicht. Jeder, der sich heute dieser das Deutschtum betonenden chauvinistischen Überhöhung zur Wehr zu setzen wagt, wird auch heute noch als Vaterlandsverräter beschimpft.

An diesem Beispiel lässt sich sehr schön nachvollziehen, wie das gleiche Recht nur für seinesgleichen eingefordert, das Eigene dem anderen gegenüber überhöht und als bedeutender dargestellt wird. Die Folge solchen Verhaltens, das in Kärnten seit nunmehr achtzig Jahren gang und gäbe ist und alle Schichten und Parteien durchzieht, hinterlässt beim Slowenisch sprechenden Teil des Landes zumindest das Gefühl der Minderwertigkeit und auch dieses Gefühl des Fremdseins im eigenen Ich, von dem ich eingangs sprach. Das jedoch, positiv gesehen, macht offen für Fremdes und Fremde.

Im Zusammenleben mit der Mehrheit im Land waren die Folgen noch weit krasser, und die Trennlinien in diesem Land sind nach wie vor sichtbar und spürbar. Es kann nur als Unrecht angesehen werden, wenn von einem dauernd verlangt wird, dass man das Fremde im Eigenen akzeptiert, der andere jedoch selbst nicht bereit ist, das Fremde im Eigenen zuzulassen.

Sind aber nicht die Fragestellungen, wie sie sich am Beispiel Kärntens darstellen, heute in Bosnien und Herzegowina an der Tagesordnung, haben nicht die Katalanen in Spanien ähnliche Erfahrungen gemacht, und hat nicht dieses Jahrhundert mit seinen beiden Weltkriegen, den vier Balkankriegen und dem tschetschenischen Krieg heute offengelegt, dass es uns offensichtlich nicht erspart bleiben wird, uns endlich und ernsthaft mit der Frage der Gleichberechtigung der Kulturen zu beschäftigen?

Deutet man alle Anzeichen, die man mit der Psyche der Kultur, Sprache und menschlichen Gleichberechtigung in Verbindung bringen kann, über die man aber bisher großzügig hinweggesehen hat, wird man leider feststellen müssen, dass diesen Fragen eine größere Bedeutung zukommt, als man gemeinhin anerkennen will. Zieht man weiters in Betracht, wie viel Unrecht, Kriege, Vertreibungen, Ächtungen, Misshandlungen und vieles andere mehr unter dem Namen der Nation und der Überhöhung des einen gegenüber dem anderen bis heute geschehen ist, so kann man doch aus all diesen tragischen Erfahrungen ableiten, dass es sich auf gesellschaftlicher, politischer und wirtschaftlicher Ebene um eine zentrale Frage der menschlichen Existenz handeln muss. Kann man ansonsten verstehen, warum bisher all diese Konsequenzen, von der Vernichtung von wirtschaftlichen Ressourcen bis zur industriellen Ausrottung von Menschen, in Kauf genommen wurden? Es wird dringend angebracht sein, die dahinter verborgenen egoistischen Eigeninteressen zu hinterfragen und Strategien zu entwickeln, die das gebannte Starren auf die heilige Kuh Nation und Staat in ihrer verheerenden Verbindung und Wirkung verhindern.

VII.

Die eigene Kultur und Sprache kann nicht als Anlass genommen werden, die fremde Kultur und die Sprache des anderen zu missachten. Ich werde erst ich sein, wenn ich mich im anderen widerspiegle, und umgekehrt.

Ich habe mich mit meinen Ausführungen in eine Welt begeben, von der man eher annehmen könnte, sie werde nichts Gutes mit sich bringen, da das Fremde das Eigene überrollen, in den Hintergrund schieben oder einfach zur Seite drücken könnte.

Es ist wohl so, dass in den letzten Jahren eine Reihe von Ängsten aufgebaut wurde; und sie haben zugenommen. Man ist versucht zu glauben, dass das immer schon so war, vor allem dass es uns zunehmend schlechter geht. Vor kurzem erhielt ich eine interessante Information: Unter den reichsten Ländern der Welt ist Österreich nach der Schweiz, Japan, Deutschland und anderen auf Platz sieben! Sich zu fürchten, dass es uns schlecht gehen könnte, denke ich, ist derzeit kaum angebracht. Dass uns dieser Reichtum – von wem auch immer – genommen werden könnte, ist eher unwahrscheinlich. Demnach sind die Ängste und Horrorszenarien, mit denen wir immer häufiger konfrontiert werden, im Bereich der Angstmacher und Demagogen zu suchen. Auf dieser Grundlage eines weitestgehend künstlich produzierten Gespenstes werden Ängste kolportiert, die einer Nebelwand schon eher gleichen als einer ehrlichen Politik. Wir werden gut beraten sein, uns mehr um das zu kümmern, was hinter den Kulissen geschieht, um nicht Spielball für ganz andere Zwecke abzugeben.

VIII.

Es ist wirklich nicht leicht, ein Österreicher zu sein. Aber war ich je einer? Warum auch, oder warum nicht? In Kärnten geboren, bis zum sechsten Lebensjahr ausschließlich in der slowenischen Sprache aufgewachsen. Bis zum Volksschulalter. Dort Slowenisch-Unterricht als Nachsitzen. Die Sprache war geächtet. Das eine oder andere Mal für sie verdroschen. Von klein auf schief angeschaut. Der Vater 100% Kriegsinvalide, Mutter Hausfrau. Alle drei Söhne und die Tochter gehen zum Slowenisch-Unterricht, später ins Slowenische Gymnasium. Da kann doch etwas nicht stimmen. Von irgendwoher müssen die Geld bekommen. Die Karawanken 25 Kilometer entfernt. Ich hör' noch heute im Ohr: „Ho ruck über den Loibl!" Der von Peter Handke im „Gedicht an die Dauer" gepriesene Ruck ist damit wohl nicht gemeint. Hier ist wohl ein anderer Ruck, der gewaltsame, der der Vertreibung, der der Verachtung und der der Missachtung und letztendlich der der Zerstörung gemeint, der, den wir heute alleweil im Fernsehen sehen und über den in den Medien einmal mehr, ein andermal wieder weniger und kleiner berichtet wird, der, den wir unmittelbar in kaum dreihundert Kilometer Entfernung zu wissen glauben und nicht wahrhaben wollen. Heute. Also war dieser Ruck über den Loibl einer, der mich bis ins Heute begleiten sollte, nicht ahnend damals, dass er es tun würde. So hat es auch sein Gutes gehabt. Der Widerspruch hat den Widerstand mit sich gebracht und diesen fortgepflanzt zum Trotz. Zum aufrechten Gang. Trotz alledem.

Das war das Gefühl der frühesten Jugend. Jahre später habe ich in Wien, während meiner Lehrzeit, ein damals wie heute entlegenes Buch des Schriftstellers Prežihov Voranc aus Ravne na Koroškem (Ravne in Kärnten, im Mießtal, heute Slowenien) gelesen. Kein Essay, kein Nachdenken über den Ursprung des Hasses, wie bei Thomas Mann, Stefan Zweig oder Heinrich Mann zur selben Zeit, auch nicht die Wandlung einer Stadt aus der Realität in eine imaginäre Sphäre, wie bei Karahasan in unserer Zeit. Es war die einfache Beschreibung dessen, was auf einer Strecke von vier Kilometern einem Staatenlosen passieren kann und wie lang diese vier Kilometer werden können. An Aktualität hat der Bericht bis heute nichts verloren. Zumal die erwähnte Grenze heute die EU-Außengrenze bildet und im Schengener Abkommen *Europa* vor den Migrationsproblemen bewahren soll. Doch das wird sechzig Jahre später passieren. Zuerst muss Voranc im Gefängnis sitzen. 14 Tage lang. Da er sich als Illegaler in Österreich aufhält. Nach diesen 14 Tagen wird er außer Landes gebracht. Von zwei Beamten. Ab an die Grenze zur Tschechei, wie damals Tschechien und die Slowakei genannt wurden. Nur, er wird auf der anderen Seite, nach kaum zwei Kilometern, von den dortigen sorgsamen Gendarmen aufgegriffen und wandert in der Tschechei für 14 Tage in den Knast. Danach ab über die Grenze zurück nach Österreich, nicht ohne ihn vorher mit lehrreichen Informationen über Österreich vollzustopfen. In Österreich nach einer Stunde hoppgenommen, wandert Voranc in den Knast, diesmal für einen Monat. Und dann wieder, in Begleitung der Staatsmacht, illegal über die Grenze zu den tschechoslowakischen Nachbarn. Dort wiederum einen Monat einsitzen und dann zurück nach Österreich. Wieder Knast. Dies wiederholte sich noch einmal. Für vier Kilometer hat er knapp vier Monate gebraucht. Der Schriftsteller Prežihov Voranc, geboren in der österreichisch-ungarischen Monarchie als Österreicher und Kärntner slowenischer Zunge, irrt in der Folge als Staatenloser bzw. Verfolgter durch Europa und stirbt in der Republik Slowenien im sozialistischen Jugoslawien. Was war er? Österreicher? Slowene? Jugoslawe? Wird seine Literatur zur österreichischen gezählt, wie die von Kafka aus Prag oder Canetti aus Bulgarien? Oder wird sie eingeordnet zur wiederentdeckten Literatur der Exilanten eines Kramer oder Ehrenstein? Oder ergeht es ihm wie dem Scherenschleifer aus Meran, von dem Lisl Ponger in ihrem Buch „Fremdes Wien" zu berichten weiß, dass er in Südtirol als Österreicher geboren wurde, um in Österreich als Italiener zu sterben?

Immer wenn es eng wird, hat die Xenophobie Tradition, wird sie aus den Mottenkisten der Geschichte hervorgezaubert und ist der Wegbegleiter der zur selben Zeit sich entwickelnden Vereinnahmung derjenigen, die man zu sich zählen will, die man haben will, der Gewünschten, Gewollten, der Opportunen. Zur Unterstreichung der eigenen Größe ist man in der Handhabung der Grenzen und Zuordnungen großzügig und selektiv zugleich, wie man an den Beispielen Kafka, Brod, Canetti, Freud, Roda Roda sieht, im Gegensatz zur Anerkennung eines Voranc, Cankars, Nazor usw. Man ist zur selben Zeit aber auch opportunistisch in der Verteidigung eines Rilke, Handke, Turrini usw. gegenüber den Versuchen, sie als deutsche Schriftsteller zu vereinnahmen.

Der notwendige und offene Widerspruch gegen chauvinistische Vereinnahmung und großnationale Orientierung, die im Begriff „Deutsche Literatur" manifest werden, versandet seitens der Österreicher in der Regel. Umso großzügiger ist man in der eigenen Vereinnahmungspraxis.

Als Österreicher slowenischen Ursprungs oder Slowene österreichischen Ursprungs, der seine Heimat in der Sprache findet, Grenzen zu überwinden versucht, um neue Horizonte zu orten, der die Weite statt der Enge sucht, der trotz alledem zu hoffen wagt, ist es für mich tatsächlich nicht leicht, ein Österreicher zu sein, zumal man für das Österreichische in seinem grenzaufhebenden buchmachenden Wirken sowieso über weite Strecken misstrauisch beobachtet oder auch als unglaubwürdig eingestuft wird. In Zeiten wie diesen sollte man vielleicht doch langsam erkennen, dass diese Zeiten keine verbalen Worttöne benötigen, wohl aber, dass man den Begriffen reale, neue Inhalte geben muss und dass es hoch an der Zeit ist, dem vermeintlichen Widerstand seine wortreiche Leere zu nehmen, oder um es mit Brecht zu versuchen: „Zu lernen ist: Wann greift ein Satz ein?"

IX.

Nach all den Erfahrungen, die ich bisher gemacht habe, und auch nach den hier entwickelten Überlegungen kann ich mich nur Arthur Rimbaud (1854-1891) anschließen, der meinte: „Ich bin ein anderer", und mein Nachdenken mit einem Gedicht von Fatos Arapi beschließen, der in knappen klugen Worten sagt, was so einfach klingt, aber offensichtlich doch so schwer zu verwirklichen ist:

Sultan Murad und der Albaner

Sultan Murad stand vor dem gebundenen Sklaven.
Vom Pferd herab mustert er ihn mit den Augen:
gealtert, Wunden, Ketten ...
„Skipetar", fragt er ihn, „warum kämpfst du,
wenn du auch anders leben könntest?"
„Weil, Großmächtiger Sultan", erwidert der Sklave,
„jeder Mensch in der Brust ein Stück Himmel hat
und darin fliegt eine Schwalbe."

Literatur

Arapi, Fatos: Sultan Murad und der Albaner
aus: Das Buch der Ränder - Lyrik. Hg. von Karl-Markus Gauß und Ludwig Hartinger. Klagenfurt / Celovec 1995, S. 77

Kosovel, Srečko: Kosmisches Leben
aus: Srečko Kosovel: Mein Gedicht ist Karst / Moja pesem je Kras. Klagenfurt / Celovec 1994

Ponger, Lisl: Fremdes Wien. Klagenfurt / Celovec 1993

Popa, Vasko: Wir werden leben im Zeitalter des Messers / aus: Vasko Popa: Die kleine Schachtel. Klagenfurt / Celovec 1993, S.142

Wischenbart, Rüdiger: Canettis Angst. Erkundungen am Rande Europas. Das Reise-Buch der Ränder. Klagenfurt / Celovec 1994, S. 278 f.

Vom Leben auf dem Koffer

VON ARIEL MUZICANT

Wenn man es genau nimmt, hat Theodor Herzl im „Judenstaat" eines nicht bedacht: die Hitze des Nahen Ostens. Mein Vater zum Beispiel, Gersh (Georg) Muzicant, der 1950, also bald nach der Staatsgründung, mit meiner Mutter in Israel eingewandert war, vertrug das Klima Palästinas nicht; er war Zionist, wenn auch kein besonders radikaler, er sprach kein Hebräisch, und mit Jiddisch allein bzw. mit all jenen europäischen Sprachen, die meine Eltern in ihrem Leben bis dahin erlernt hatten, glaubte er nicht, sich in Israel eine neue Existenz aufbauen zu können. Letztlich waren es aber zwei andere, wenn auch sehr ungleiche Gründe, die meinen Vater mit meiner Mutter – und inzwischen gab es auch schon mich – an einem langen Leben in Israel zweifeln und daher wieder auf Wanderschaft gehen ließen: Er vertrug nicht die sengende Sonne, weder in Haifa, wo ich geboren wurde, noch in Tel Aviv, wohin wir zwei Jahre später übersiedelt waren. Und außerdem gab es da noch ein Problem – Ben Gurion, den Staatsgründer. Mein Vater arbeitete nämlich in der Reisebranche – und ausgerechnet diese setzte Ben Gurion in den Jahren 1952 und 1953 schachmatt: Wegen des chronischen Devisenmangels im Land hatte der Staatschef ein gesetzliches Ausreiseverbot erlassen.

So reisten wir 1956, kurz nach dem Sinai-Krieg, nach Wien. Ausgerechnet nach Wien. Weshalb mein Vater diese Stadt, deren Einwohner mit den hier lebenden Juden übler und brutaler umgegangen sind, als dies in jeder anderen Großstadt Hitler-Deutschlands der Fall war, als künftigen Lebensplatz für sich und die Seinen ausgewählt hat, weiß ich bis heute nicht. Zumindest habe ich von ihm nie eine erschöpfende Antwort auf die Frage bekommen, was ihn dazu bewogen hatte, ausgerechnet hierher zu übersiedeln. Gut, er hatte vor dem Krieg geschäftliche Kontakte nach Österreich geknüpft und war bereits 1952 zum ersten Mal seit 1938 wieder nach Wien gefahren. Aber umgekehrt hatte er seinerzeit nicht so lange hier gelebt, dass er für Wien echte heimatliche Gefühle aufbringen konnte; er war erst relativ kurz vor dem Jahr des „Anschlusses" bei der tschechischen Donaudampfschiff-Gesellschaft als Buchhalter und Prokurist angestellt – und ebenso rasch wieder vertrieben worden.

Natürlich haben meine Eltern gewusst, was seit dem März 1938 in Wien geschehen ist. Sie hätten ebenso gut nach Amerika auswandern können, und tatsächlich hat mein Vater einige Zeit mit dieser Idee gespielt, aber meine Mutter wollte das nicht: Sie sprach Deutsch und Französisch – aber praktisch kein Wort Englisch.

So kam ich also im Alter von vier Jahren nach Österreich, als ein relativ unschuldiges Kind, das sich eines seltsamen Sprachgewirrs aus Russisch (von meiner Großmutter), Hebräisch (von meiner Kindergärtnerin in Israel) sowie Deutsch und Rumänisch (von meinen Eltern) bediente und das sich nun, 45 Jahre später, vorhalten lassen muss, noch dazu von einem, dessen Vater bei der Österreichischen Legion, also einer hochverräterischen Vereinigung, gedient hat, kein guter Patriot zu sein, dem überdies jede Dankbarkeit für die Aufnahme fehle. Ein Mitglied der Kultusgemeinde hat dann diese frivole Frechheit nachgeplappert, aus dem naiven Glauben, er sei mehr Österreicher oder ein besserer Österreicher als ich, weil seine Familie vielleicht 100 Jahre vor meiner zugewandert war. Als ob das etwas zu sagen hätte.

Für die Aufnahme in Österreich konnte ich anfangs wirklich nicht dankbar sein. Ich war todunglücklich. Meine Mutter, die selbst in Bukarest bei den „Schwestern von Notre Dame de Zion" in die Schule gegangen war, steckte mich nämlich bald, nachdem wir ein kleines Untermietzimmer samt Kochnische in einem Zinshaus unweit der Urania genommen hatten, in einen Kindergarten auf der Dominikanerbastei. Das war aber kein städtischer, auch nicht einer der Kultusgemeinde, sondern ein Kindergarten der

ÖVP. Ich war dort das einzige jüdische Kind, und ich muss hier daher gar nicht nach besonders schrägen Vergleichen suchen, um mein ganzes Unglück zu beschreiben. Es war schrecklich. Schrecklich wie die fetten Schmalzbrote, die uns aufgetischt wurden, als wir Kindergarten-Kinder gemeinsam auf Sommerfrische am Land waren. Ich brachte keinen Bissen herunter. Es war schrecklich wie die Prügel, die ich bezog, nur weil ich mich dieser grauslichen Nahrung entziehen wollte. Man behandelte mich, den kleinen Juden-Buben, im Kindergarten so, wie das in jenen Jahren auch noch in den Passionsgebeten in den Kirchen zu hören war: als renitenten, unbelehrbaren Juden, der das Schmalzbrot – offenbar ein Symbol für Österreich – nicht entsprechend würdigen will.

Meine Eltern hatten Einsehen in mein Unglück. Sie entließen mich aus der Gewalt dieses Kindergartens und schickten mich in die französische Schule, da war ich fünf Jahre alt. Genau genommen war es die Vorschule im Lycée français, die ich nun besuchte, und der dann zwölf weitere Jahre in der Liechtensteinstraße folgten.

Inzwischen waren wir in eine neue Untermietwohnung übersiedelt, sie lag in der Taborstraße. Dann machte mein Vater 1958 sein erstes Immobiliengeschäft. Er vermittelte das so genannte „Kurier"-Eck (ein Geschäftslokal) in der Kärntnerstraße. Durch die Provision hatte er nun Geld genug, um die Ablöse für unsere erste eigene Wohnung aufzubringen. Wir übersiedelten in den vierten Bezirk und nahmen in der Pressgasse 11 Quartier. Drei Jahre später, 1961, hieß es neuerlich Möbel packen: Vaters Geschäfte in der Immobilienbranche gingen inzwischen so gut, dass er in der Kettenbrückengasse eine Eigentumswohnung erwarb.

In der Pressgasse hatten wir übrigens Nachbarn, die mich – es muss wohl 1960 gewesen sein – eines Samstags zu einem Wiener Derby mitnahmen. Das Wiener Derby ist kein Pferderennen, sondern die traditionelle Auseinandersetzung zweier Klubs um die Fußball-Vorherrschaft in Wien, was damals auch ganz Österreich bedeutete. Rapid spielte wieder einmal auf der alten Pfarrwiese in

Hütteldorf gegen die Austria. Und ich war als Zuschauer dabei. Rapid gewann, und ich kam vielleicht auch deswegen als glühender Anhänger der „Grün-Weißen", wie der Klub auch genannt wird, abends nachhause zurück. Von diesem Tag an pflegte mich mein Vater mit zwei Worten regelmäßig aufzuziehen: „du Rapidler". Trotz aller Ironie hieß das „du Fahnenflüchtiger", „du kleiner Verräter". Denn Rapid, zumindest deren Anhänger, galt seit jeher als antisemitisch, wie mir mein Vater wortreich erklärte: „Wie kannst du also als Jude Anhänger eines antisemitischen Klubs sein?"

In Sándor Márais „Bekenntnisse eines Bürgers"[8] gibt es einen wunderschönen Absatz:
„Ich begebe mich unter Tote, ich muss leise sprechen. Einige dieser Toten sind tot für mich, andere leben in meinen Handbewegungen, meiner Kopfform, wie ich Zigaretten rauche und Liebe mache, gleichsam in ihrem Auftrag esse ich bestimmte Speisen. Sie sind viele. Der Mensch fühlt sich lange allein unter den Menschen; eines Tages gelangt er in die Gesellschaft seiner Toten und bemerkt ihre ständige taktvolle Gegenwart. Sie trüben kaum ein Wässerchen. Ich fing spät an, mit der Familie meiner Mutter in Verwandtschaft zu leben; eines Tages hörte ich ihre Stimme, als ich sprach, sah ich ihre Gesten, als ich grüßte, das Glas hob. Die ‚Individualität', das wenige, was der Mensch als Neues seinem Selbst hinzufügt, ist verschwindend gering neben dem Erbe, das uns die Toten hinterlassen. Menschen, die ich nie gesehen habe, leben, schöpfen, erregen, sehnen und fürchten sich in mir weiter. Mein Gesicht ist das Abbild meines Großvaters mütterlicherseits, meine Hände habe ich von Vaters Familie, mein Temperament aus Mutters Verwandtschaft geerbt. In bestimmten Augenblicken,

---

[8] Sándor Márai: Bekenntnisse eines Bürgers. Erinnerungen. München/Zürich 2000, S. 70

wenn ich beleidigt werde oder rasch entscheiden muss, denke und sage ich wahrscheinlich wortwörtlich, was mein Großvater in der mährischen Mühle vor siebzig Jahren dachte und sagte."

So ähnlich ist es bei mir. Die Geschichte meiner Familie lebt in mir, so wie ich in dieser bin. Was bin ich schon ohne meine Vorfahren, ohne das Erbe, wie Márais schreibt, das meine Toten hinterlassen haben? Gerade bei uns Juden ist dieses Erbe vielleicht größer und auf jeden Fall schwerer, und das ist mit ein Grund, dass mein Vater sich beim Versuch, sich und seine Identität zu bestimmen, schwerer tat als manche andere. Bei uns zuhause hieß es deswegen stets: „Zunächst einmal ist man ein Mensch, dann ein Jude und schließlich Europäer."

Wie soll man sich selbst definieren, wenn man von den eigenen Toten weiß, wie wenig Namen und Nationalitäten tatsächlich bedeuten? Eigentlich müsste ich ja Beermann heißen, so wie mein Urgroßvater väterlicherseits. Aber weil dieser dem Einberufungsbefehl nicht Folge leisten wollte, um nicht ein Jahrzehnt seines Lebens dem Zaren und der Armee zu schenken, fand er einen Freund, der ihn adoptierte. Und der hieß eben Muzicant.

Wie sollte ich meine nationale Identität bestimmen, vor dem Hintergrund meiner Vorfahren, die in nationalen wie in übernationalen Staaten lebten und überall doch immer nur eines waren: Juden. Juden in Moskau, wie meine Großmutter mütterlicherseits, eine Zahnärztin, die 1917 ihre „Heimat" verlor, nach der kommunistischen Machtübernahme, und nach Rumänien übersiedelte, in der Hoffnung, bald wieder „heimkehren" zu können, dann nämlich, wenn der bolschewistische Spuk wieder vorbei wäre. Juden, wie mein Großvater mütterlicherseits, der Textilfabrikant Aaron Lanis, der zu den ersten Zionistenkongressen fuhr, und den es nach 1917 doch nicht lange in Rumänien hielt, sodass er mit seiner Familie nach Palästina auswanderte. Dort gefiel es ihm auch nicht und so kehrte er nach Bukarest zurück. War diese Stadt „Heimat"? Können Juden der Diaspora überhaupt eine Heimat abseits von Israel haben?

Tatsächlich: Wir reden von nationalen Identitäten, von Heimaten – und wenn ich die Geschichte meiner Familie erinnere, gab und gibt es letztlich und fast ausnahmslos immer nur ein „Heimatgefühl": die Zugehörigkeit zum jüdischen Volk.

Ich will es im Staccato aufzählen: Die zwei Brüder meiner in Bukarest aufgewachsenen Mutter haben nicht in der rumänischen Hauptstadt studiert, wo Juden lange nur gelitten haben und später auch verfolgt und ermordet wurden, sondern hunderte Kilometer nordwestwärts in Brünn. Weshalb Brünn? Der eine studierte Maschinenbau, der andere Architektur, und in Brünn gab es mit der Technischen Universität die einzige Hochschule, an der auch Juden zugelassen waren. Sie waren gerade in Wien, als die Nazis hier einmarschierten. Entsetzt kehrten sie nach Rumänien zurück.

Mein Vater wiederum stammt aus der Czernowitzer Gegend, aus der Bukowina, sie waren zehn Geschwister, von denen die älteren nach dem frühen Tod meiner Großmutter die jüngeren aufzogen. Sie wuchsen in Czernowitz auf und sprachen gleich vier Sprachen: Deutsch, Russisch, Rumänisch und Jiddisch. Die einen wurden Kommunisten, die anderen Zionisten, was hin und wieder zu heftigen Auseinandersetzungen in der Familie führte. Immer ging es da um eine Frage: Was ist die bessere Lösung des jüdischen Problems? Palästina, wohin ein Bruder meines Vaters bereits 1933 auswanderte und dort einen Kibbuz gründete, oder die klassenlose und antifaschistische Sowjetunion? Stets ging es demnach um die Frage, wo man überleben und seine jüdische Identität besser schützen könne.

Acht Geschwister meines Vaters haben die Shoa überlebt. Sie sind von Bukarest geflohen, bis jenseits der Kaspischen See, bis Taschkent, über Alma Ata hinaus bis an die chinesische Grenze, zum Teil zu Fuß, zum Teil mit Viehwagen, zum Teil in offenen Waggons, zum Teil zwangsrekrutiert. Wer denkt da noch an „Heimat"? Was bleibt einem in einer solchen Lage anderes als die ungebrochene, wenn auch schwer misshandelte jüdische Identität?

Ein Bruder meines Vaters hat sich freiwillig zur Roten Armee gemeldet. Er wollte die Nazis bekämpfen. Bei Odessa wurde er gefangen genommen und mit 150 Juden gemeinsam in eine Scheune gesteckt und bei lebendigem Leib verbrannt. Das wurde Teil unser aller Identität, auch wenn die anderen Geschwister überlebten. Einige kehrten nach Czernowitz zurück, andere, wie mein Vater, nach Bukarest.

So wie die jüdische Geschichte des 20. Jahrhunderts zur Menschheitstragödie wurde, die Geschichte meines Volkes, das auf der Flucht war und überall, wo es sich kurze Zeit wieder sicher fühlte, erneut mit Gewalt und Tod konfrontiert wurde, so sind auch die Geschichten von Juden zumeist tragisch. Wie oft habe ich es von Kindheitstagen an gehört: Flucht, Zwangsarbeit, Essen besorgen, Hungern, wieder Flucht, von fremden Armeen rekrutiert werden, neuerlich Flucht, täglich die Frage, wie man sich nur retten könnte, da die Deutschen kommen. Schafft man den Sprung auf einen Zug, der einen aus der Gefahr führt? Findet man ein Schiff, das einem Rettung bringt?

Auch dadurch wird Identität geschaffen, gerade auch für die nachgeborenen Juden, die so wie ich früh gelernt haben, dass nichts so ist, wie es erscheinen mag, und dass Wirklichkeiten umschlagen können wie im Sommer strahlender Sonnenschein in düsteres Gewitter.

Und dennoch gibt es in der ganzen Tragik des europäischen Judentums, die meine Familie im Vergleich zu vielen anderen glücklicherweise trotz aller Fluchtgefahren in den frühen Vierzigerjahren nur gestreift hat, weil wir nur einen Toten zu beklagen haben, auch Glücksmomente. Rare Augenblicke, die dann weitererzählt werden, als könnte man sich an ihnen über alles Unbill hinweg festhalten. Mein Vater hat solche erlebt: Er war auf der Flucht in einem offenen Zug. Auf der Straße sieht er Arbeiter, jüdische Zwangsarbeiter. Da zieht er einen Zettel hervor, schreibt eine kurze Nachricht nieder, wickelt das Stück Papier um einen Stein und wirft ihn aus dem Zug. Es ist eine Nachricht für seinen Bruder. Und es ist eine Nachricht auf gut Glück. Mein Vater wusste nämlich nicht, wo sein Bruder gerade war. Stein und Zettel werden gefunden und sorgsam versteckt – und schließlich an den richtigen Adressaten übergeben. Mein Onkel war, was für ein Zufall, gerade in der Nähe gewesen.

Oder eine andere Geschichte, nicht weniger wundersam: Von meinem Vater gibt es ein Foto, das ihn im Frack bei einer Hochzeit zeigt. Es war die Hochzeit eines seiner Brüder gewesen, und mein Vater trug in jenen Fluchtjahren dieses Bild so wie zwei Hufeisen stets im Rucksack mit sich. Eines Tages – er war, wie immer in den frühen Vierzigerjahren, hätte ich fast gesagt, auf der Flucht – erkrankte er an Typhus. Er lag im Gang eines kleinen Krankenhauses irgendwo in der osteuropäischen Provinz. Da kam eine Krankenschwester bei ihm vorbei und schaute in seinen Rucksack. War es Neugier, war es die Suche nach seiner Identität? Ich weiß es nicht. Als sie die Fotografie meines Vater sieht und diesen darauf stolz im Frack, denkt sie sich, er müsse ein wichtiger Mann sein, und legt ihn in ein Zimmer. Wahrscheinlich hat ihm das sein Leben gerettet.

Wer kann es meinem Vater Gersh Muzicant nach den Jahren der Flucht und Entbehrungen verargen, dass er auch in Wien lange skeptisch blieb? Meine Eltern, die sich in Bukarest kennen gelernt und geheiratet hatten, lebten auch im Wien der Fünfziger- und Sechzigerjahre so wie die meisten anderen Juden in der Stadt praktisch neben dem reisefertigen Koffer. Juden pflegen darüber zu sagen: Wir leben auf dem Koffer. Mein Vater baute zwar hier systematisch seine Geschäfte auf, und die gingen dann tatsächlich immer besser, aber Vertrauen wächst nur langsam, und nach den Erfahrungen der Shoa noch ein Stück langsamer.

Außerdem meinen ja nur die bereits lange Integrierten oder die Sesshaften, dass Integration ein leichtes Unterfangen sei. Integration ist eine Kunst für sich, bei der sich viele Widerstände offenbaren. Das galt damals in den ersten Wiener Jahren meiner Eltern auch in der jüdischen Gemeinde. Wir waren Zugereiste, und die eingesessenen Wiener Juden, jene kleine Gruppe, die überlebt hatte und/oder nach Wien heimgekehrt war, zeigten sich nicht gerade hilfreich. Mein Vater hat sich zum Beispiel jahrelang bemüht, einen Platz im Tempel in der Seitenstettengasse zu bekommen. Aber da gab es eine Gruppe in der Gemeinde, die, anders als die nächsten Generationen, scheel auf die Neu-Zuwanderer geblickt hat. Und die fand für meinen Vater keinen Platz im Tempel. Zehn Jahre hat er warten und auch einiges spenden müssen, bis er endlich seinen festen Sitzplatz in der Synagoge hatte.

So dauerte es bis Ende der Sechzigerjahre, dass mein Vater, der 1961 die österreichische Staatsbürgerschaft erhalten hatte, hier Wurzeln schlug. Damals wurde er in die B'nai Brith aufgenommen, er hatte einen Freundeskreis gefunden, er begann Eigentum zu erwerben und hatte sich eine neue Existenz aufgebaut.

Er hat auch ein Bewusstsein für Österreich entwickelt, ein sehr ambivalentes Österreich-Bewusstsein, könnte man sagen, in dem nie die Geschichte ausgespart wurde, nicht die persönliche, nicht die unseres Volkes und erst recht nicht das, was Österreicher Juden angetan hatten.

Bei uns kam immer das Judentum zuerst. Das hat sich bei mir, der sich viel schneller in Wien zuhause fühlte als meine Eltern nach ihrer jahrelangen Wanderschaft, nicht geändert. Ich bin Österreicher und gehöre dem jüdischen Volk an. Ich gehöre ebenso der österreichischen Nation an wie Terezija Stoisits, die der kroatischen Volksgruppe angehört. Aber dennoch habe ich, so wie die meisten Juden nach der Shoa, eine tiefe Sehnsucht nach Israel.

Die geistige Triebfeder des heutigen Judentums steckt in Israel. Das kann niemand leugnen. Jedesmal, wenn ich Jerusalem besuche, gehe ich auch zur Klagemauer. Und – das ist keine Frage – es ist ein erhebendes Gefühl, vor dieser zu stehen.

Dennoch fühle ich mich anders, wenn ich am Wiener Graben spazieren gehe. An der Klagemauer zu beten weckt spirituelle Empfindungen. Am Graben spazieren zu gehen schafft hingegen ein wohliges Heimatgefühl. Ja, hier in Österreich bin ich zuhause. In dieser Kultur bin ich aufgewachsen, so wie ich im Wiener Eislaufverein Schlittschuhlaufen gelernt habe und wahrscheinlich schon einer der ältesten Abonnenten des Theaters in der Josefstadt bin.

All das heißt aber nicht, dass ich je von meiner jüdischen Identität lassen wollte.

Dass Wien meine Heimat wurde, ist einem einzigen Umstand zu verdanken: In den Wirren der Nachkriegsjahre erinnerte sich mein Vater seiner Geschäftsbeziehungen zu Österreich. Mein Vater kam nach Wien, mit 600, vielleicht 1.000 Dollar in der Tasche. Und er hat es nie bereut und war dankbar für die Chance, die er hier erhielt.

Dreimal wollte ich auswandern. 1967, während des Sechs-Tage-Kriegs, aus jugendlichem Übermut; 1976, als ich zum Doktor der Medizin promovierte und ein reizvolles Angebot hatte, an der Universitätsklinik von Jerusalem zu arbeiten. Und 1986, am Höhepunkt der Waldheim-Krise. Jedesmal gab es gute Gründe, es nicht zu tun. 1967 war ich 15 Jahre alt. Was hätte ich demnach im Krieg tun können? 1976 erkrankte mein Vater schwer. Er starb im Jahr darauf und ich musste seine Immobilienfirma übernehmen.

1986 war ich Vizepräsident der Israelitischen Kultusgemeinde. In dieser Funktion wurde ich nach New York zum World Jewish Congress geschickt, um dort abzuklären, was in der Sache Waldheim auf uns – und das hieß Österreich und die Kultusgemeinde – zukommen würde. Das war 14 Tage vor den ersten Veröffentlichungen über Waldheims Kriegsvergangenheit, seit Wochen schwirrten in Wien die Gerüchte über schreckliche Enthüllungen.

Es war der 19. Februar 1986. Ich sagte zu Singer: „Hast du irgendwelche Beweise? Habt ihr Kugeln in der Pistole? Wenn ihr nämlich nur mit Platzpatronen schießt, erwischt ihr uns."

Damals fiel der berühmte Satz: „Meine Sorgen gelten den Juden in der Sowjetunion und in Syrien. Was die österreichischen Juden betrifft, kann ich nur sagen: You all are very welcome in the United States."

Waldheim wurde als Lügner überführt, die Auseinandersetzungen lösten eine antisemitische Welle in Österreich aus – und wir österreichischen Juden blieben „auf der Strecke". Nicht beachtet von unseren amerikanischen Freunden und angefeindet im Land selbst. Damals wollte ich Österreich verlassen. Aber irgendetwas hielt mich zurück. Wahrscheinlich hatte ich schon Wurzeln gefasst. Außerdem wurde damals Franz Vranitzky Bundeskanzler. Bis dahin war ich Gegner der Sozialdemokratie gewesen, das lag an Bruno Kreisky, an dessen Nahost-Politik, aber auch an der von diesem durchgesetzten Schließung des Durchgangslagers Schönau in den Siebzigerjahren. Mein Vater, der eingeschriebenes Mitglied der SPÖ gewesen war, hatte deswegen der Partei den Rücken gekehrt.

Erst Franz Vranitzky, der als erster eine klare Abgrenzung zur FPÖ und zum braunen Lager durchsetzte, brachte mich wieder näher zu Sozialdemokratie. Für einen österreichischen Juden ist das nicht nur eine Frage der Integrität, sondern auch ein wesentliches Element der Identität. Dieses rätselhafte Leben, nach der Shoa Österreicher und Jude zu sein, lässt sich nämlich nur unter antifaschistischen Bedingungen führen.

Meine Frau hat mich unlängst gefragt, wie lange wir diese Auseinandersetzungen noch aushalten werden, die sich aus meiner Funktion in der Kultusgemeinde, aber auch aus meinem politischen Gewissen ergeben. Meine Antwort lautet: sehr lange. Weshalb sollte ich es nicht aushalten? Wir haben dasselbe Recht hier zu leben wie jeder andere. Und letztlich war dieses Land auch gut zu uns – trotz Waldheim und trotz Haider.

Vielfältige Wurzeln

VON MADELEINE PETROVIC

Meine Familie war sehr klein: meine Eltern, ein jüngerer Bruder und eine Oma, die Mutter meines Vaters. Subjektiv habe ich bis zu meiner Eheschließung 1983, bei der ich den Namen meines Mannes Petrovic annahm, persönlich nie erfahren, was Diskriminierung heißt. In meiner Familie gab es nie Vorurteile gegenüber irgendwelchen Menschen, egal, welche Hautfarbe, Religion oder persönlich-politische Orientierung sie hatten – heute weiß ich, warum das so ist. Und auch bei meiner Arbeit an der Universität war es selbstverständlich, mit Studierenden und WissenschafterInnen aus aller Welt zu kooperieren.

Es hat zu meinen erschütterndsten Erfahrungen gehört erkennen zu müssen, dass der ausländische Akzent, den mein Mann ein Leben lang behalten wird, bei manchen Zeitgenossen dazu führt, Kontakte zu meiden und eine mehr oder minder offen zur Schau getragene Abwehrhaltung an den Tag zu legen. Als wir damals eine Wohnung suchten, machte es einen riesigen Unterschied, ob ich ein Telefongespräch führte oder mein Mann mit seinem Akzent. Bei einigen wenigen reichte allein schon der slawische Name Petrovic, um auf Distanz zu gehen. Mein ursprünglicher Familienname Demand war für die meisten nicht so eindeutig zuzuordnen. Schließlich lässt sich dieser Name ja wunderbar auch französisch oder englisch aussprechen und deuten.

Tatsächlich ist es der Name einer jüdischen Familie aus Tarnopol in Galizien, dem äußersten Zipfel der Monarchie. Demand ist ein altes Wort für Diamant. Meine Urgroßmutter, die Tochter von Chaskel und Ginendel Demand, verließ Tarnopol, um in der Hauptstadt Wien Arbeit zu suchen.

Der eigentliche Vorname meiner Urgroßmutter Sophie Demand war höchstwahrscheinlich „Sarah", aber offenbar musste eine Zuwanderin mit „eindeutigem" Namen damals schon Nachteile befürchten, sodass sie zeitlebens den Vornamen Sophie führte. Sophie Demand arbeitete als Knopfloch- und Weißnäherin, schlug sich in Wien so recht und schlecht durch und lernte erst spät meinen Urgroßvater, Karl Heinrich Willig, kennen, der aus Freiburg in Schlesien stammte. Karl Willig war Künstler, er malte und restaurierte Kirchenfresken und schuf Entwürfe für Keramik- und Porzellanmanufakturen. Das Einzige, was von ihm erhalten ist, sind zwei Terrakottafiguren, eine Tänzerin und ein Eselchen. Mein Urgroßvater war stets nur einen Teil des Jahres in Österreich, da ihn seine Arbeit quer durch die Lande führte. Mein Großvater Friedrich Wilhelm Demand wurde 1893 in Wien geboren – meine Urgroßmutter, die stets ledig blieb, war damals bereits 44 Jahre alt. Als mein Großvater im Volksschulalter war, kam sein Vater, der ihn abgöttisch liebte, von seiner Arbeitsreise nicht mehr zurück. Wahrscheinlich ist er irgendwo verunglückt; jedenfalls konnte bis heute nicht in Erfahrung gebracht werden, wann, wo und wie er gestorben ist.

Mein Großvater heiratete 1922 Elisabeth Katharina Wörnher, eine junge Frau aus einer Wiener bürgerlichen Familie, deren Wurzeln – soweit sich dies zurückverfolgen lässt – in Nordrhein-Westfalen bzw. in Niederösterreich lagen. Elisabeth „Lilli" Wörnher schockierte ihr gutbürgerliches Elternhaus, als sie mit 19 einen älteren Mann jüdischer Abstammung, Pazifist, Karl Kraus-Verehrer und politisch links orientiert, heiratete. Die Geburt meines Vaters Ernst im Jahr 1923 ließ jedoch alle Irritationen schwinden.

Mein Vater lernte meine Mutter in den ersten Kriegsjahren kennen. Sie war Krankenschwester, er Sanitäter und beide waren bei der Betreuung von Verwundeten-Transporten eingesetzt. Meine Mutter stammt aus einer Bauernfamilie, die seit jeher im Weinviertel beheimatet war. Aufgewachsen ist meine Mutter bei einem verwandten Gastwirt-Ehepaar in Wien, das ihr eine akademische Ausbildung ermöglichte.

Zusammengeführt hat meine Eltern neben den Sympathien

und der Zuneigung füreinander die strikte Ablehnung der Nazityrannei und ihr Glaube an eine freies, unabhängiges und demokratisches Österreich. Die unterschiedliche Herkunft meiner Eltern, die verschiedenen politischen Präferenzen in den Familien hatten ihren gemeinsamen Nenner in der Ablehnung aller totalitären, autoritären und rassistischen Ansätze. Diese Grundhaltung haben sie mit der größten Selbstverständlichkeit meinem Bruder und mir vermittelt und natürlich akzeptiert, dass ich einen aus Bosnien stammenden Mann geheiratet habe und mein Bruder eine Frau aus dem Iran.

Der Selbstverständlichkeit eines weltoffenen, humanistischen und toleranten Klimas in meinem persönlichen Umfeld steht immer noch meine große Fassungslosigkeit gegenüber, dass diese Haltung offenbar keine Selbstverständlichkeit ist. Je älter und politischer ich werde, desto mehr spüre ich meine Wurzeln, spüre auch die Verantwortung, die das große Glück meiner so bunt gemischten Herkunft bedeutet. Gerade deshalb haben mein Mann und ich dafür gesorgt, dass unsere Töchter unser beider Sprachen lernen, beide Kulturen erfahren können. In nur drei Generationen hat meine Familie erfahren, wie rasch eine ausgrenzende und diskriminierende Politik Menschen im eigenen Land zu Unterdrückten oder gar zu Feinden machen kann. Mein Großvater musste gegen seine Überzeugung in den Ersten Weltkrieg, in den Dienst „für die Heimat". In eben dieser Heimat wurde er etwas mehr als zwanzig Jahre später zur Unperson. Mein Vater musste für das verhasste Regime in den Krieg und ist bis heute glücklich, durch eine lebensgefährliche Verletzung davor bewahrt worden zu sein, auf Menschen, die nicht seine Feinde waren, schießen zu müssen. Die Armee, in der mein Mann seinen Militärdienst leistete, hat seine Eltern, meine Schwiegereltern, aus ihrem bosnischen Dorf vertrieben und alles zerstört. Meine Schwägerin, eine moderne Frau und Feministin, musste aus Angst vor den von der Armee unterstützten Fundamentalisten ihre Heimat verlassen. In dem Maße, in dem ich meine so breit verästelten Wurzeln spüre, bin ich in der

Lage, dem Nationalismus und Chauvinismus entgegenzutreten. Ein Baum, dessen Wurzeln in die Fläche gehen und vielfältig sind, kann Stürmen besser standhalten.

Fragmentierte Identitäten: Welcome to Vienna?

VON RUTH WODAK

I. „Heimat"?

In den letzten Monaten haben mich zwei Zitate besonders beeindruckt: Das erste stammt aus einem Interview mit Egon Schwarz, einem prominenten Germanisten im Exil in St. Louis. In einem Interview mit Beatrix Müller-Kampel am 14. Februar 1995 kommt Egon Schwarz auf die Frage, ob die erzwungene Emigration und die McCarthy Ära seine Forschungstätigkeit und seine wissenschaftliche Selbstverständlichkeit geprägt hätten, zu folgendem Schluss:[9]

„Es hat mich stark geprägt. Ich war ein alter amerikanischer 68er. Ich war 1968 schon Mitte 40, und da entstehen normalerweise die Midlife Crisis, der Zweifel an seinem Beruf, und die jungen Leute beginnen auch, die Zweifel an einem zu melden. Aber ich bekam im Gegenteil dazu einen Auftrieb ... ich wurde also zu einem Grenzgänger zwischen den Gebieten und Kontinenten."

Aufgrund der schrecklichen, aber auch einzigartigen schönen Erlebnisse in seiner Autobiographie hat Egon Schwarz den Schluss daraus gezogen, dass es „die eine Heimat" und „die eine Identität" nirgendwo mehr gibt; dann werden aber auch Ein- und Ausgrenzungen überflüssig. Man lernt mit Veränderung und Fragmentierungen zu leben.

In „Heimat als Utopie" beschreibt Bernhard Schlink die „Heimatlosigkeit" vieler Deutscher heutzutage treffend wie folgt:

„Immer wieder treffe ich Deutsche aus den neuen Ländern, die mir sagen, sie fühlten sich im Exil, obwohl sie leben, wo sie immer schon

---

[9] Egon Schwarz: Ich wurde also ein Grenzgänger zwischen den Gebieten und Kontinenten, in: B. Müller-Kampel (Hg.): Lebenswege und Lektüren, Tübingen 2000, S. 177 ff.

lebten, wohnen, wo sie immer schon wohnten, und vielleicht sogar in derselben Fabrik, Behörde, Schule oder Zeitung arbeiten, in der sie schon vor der Wende arbeiteten."

Und etwas weiter unten: *„Im selben Sinn äußern sich, auch und gerade in den USA, Angehörige von Minderheiten; sie fühlen sich unter der Mehrheit, unter der sie leben, als lebten sie im Exil. Es gibt Frauen, die sich im Exil fühlen, weil sie die Gesellschaft, in der sie leben, als von Männern geschaffen und von Männern dominiert erfahren. Es gibt Alte, die das gleiche Gefühl in unserer der Jugend und ihrer Schönheit, ihrer Kultur und ihrem Konsum huldigenden Gesellschaft haben."* [10]

„Exil" dient als Begriff für das gezwungene Verlassen der Heimat; wie kann man sich also „in der Heimat" im Exil fühlen? Ist dies eine Verharmlosung? Im „Exil" bedeutet aber auch, sich „fremd fühlen", wie es meist im „Ausland" passiert, an einem unbekannten Ort, ohne Vernetzung, mit einer fremden Sprache und Kultur.

Schlink verwendet diesen Begriff hier als Metapher, als Metapher für Fremdheit und Sich-Fremd-Fühlen; und solche Gefühle erleben viele in ganz unterschiedlichen Zusammenhängen, als ausgeschlossen und nicht zugehörig.

Warum haben mich gerade in den letzten Monaten des Jahres 2000 diese beiden Zitate so beeindruckt und nachdenklich gestimmt? Schlinks Ausspruch, dass sich viele auch in der traditionellen Heimat fremd fühlen, trifft auf eine Stimmung zu, die ich momentan stark erlebe. Vieles, was mir sicher und vertraut schien, in Österreich, hat sich schnell und brutal verändert. Natürlich ist es nicht so, dass diese Veränderungen sich nicht angekündigt hätten oder unerwartet waren und sind. Schon immer umgab mich und viele FreundInnen in Österreich ein latenter (und manchmal auch offener) Antisemitismus; das ist nicht neu. Aber das starke Gefühl des „Nichtherpassens", des „Nicht-gewollt-Werdens" be-

---

[10] Berhard Schlink: Heimat als Utopie, Frankfurt/Main 2000, S. 7 f

sitzt eine neue Qualität, weil die Ablehnung, oft auch gar nicht bewusst, explizit ausgesprochen wird.

Nun, daraus kann jeder und jede verschiedene Schlüsse ziehen: Man kann beispielsweise auswandern, denn auch anderswo fühlt man sich fremd, dort aber in begründeter und traditionell verständlicher Art. Oder man versucht zumindest, dies als Teil von Fragmentierungen zu erleben und mit einem traditionellen Konzept von Identität abzurechnen. Denn – so wissen wir ja auch aus der Literatur – homogene Identitäten gibt es nicht (mehr), allesamt sind wir voll von Widersprüchen, fragmentiert, in steter Veränderung begriffen. Wenn dies stimmt, dann sind wir ja tatsächlich überall und nirgends mehr „zuhause", im alten Sinn. Oder wir sind dort „zuhause", wo wir uns wohlfühlen, akzeptiert werden und uns einbringen können. Dann ist das Gefühl der „Fremdheit" aber letztlich ein völlig normales, das mit einem Gefühl der „Zugehörigkeit" nicht mehr konkurriert, sondern gleichzeitig besteht.

II. Lebensphasen

Sicherlich entspricht dieses Gefühl und die Konsequenz daraus, sich als „cosmopolitan" zu definieren, auch meiner Lebensgeschichte. Meine Familie war und ist über die ganze Welt zerstreut: Aufgrund der Vertreibung 1938 wanderten meine Eltern (damals einander noch unbekannt) nach England aus, die Schwester meines Vaters, Ella, nach Sydney, die Geschwister meiner Mutter, Emil und Lilly, in die USA, ebenso auch meine Großmutter, die ich nie kennen gelernt habe. Ein Onkel lebte in Israel, meine Halbgeschwister leben zur Zeit in Kanada. Meine enge Familie besteht aus meiner Mutter und meinem Sohn in Wien.

Die väterliche Familie kam aus dem ehemaligen Böhmen; mein Namen ist auch tschechisch und bedeutet „Wasserträger". Er bietet sich natürlich zur Verhunzung an, oft werde ich „Wodka" genannt. Die Familie meiner Mutter, eine Rabbinersfamilie, kam aus Polen und aus Ungarn. Also ganz typische „Österreicher" aus der Monarchie. Meine ersten Kinderlieder hörte ich auf Tschechisch, obwohl mein Vater ansonsten nicht Tschechisch sprach.

Ich selbst bin – aufgrund des Berufes meines Vaters (Diplomat) – in London geboren und in Belgrad aufgewachsen. Die mir vermittelte Identität war ganz klar eine österreichische. Ich erinnere mich daran, wie ich am Nationalfeiertag in der Botschaft in Belgrad stolz ein Dirndl anzog und auch lange Zöpfe hatte. Meine Eltern teilten mir zu dieser Zeit gar nicht mit, dass ich Jüdin bin, und versuchten mich „davor zu bewahren, dass mir einmal etwas Ähnliches passieren könnte". In Wien allerdings, als ich in die 1. Klasse Gymnasium kam, mit zehn Jahren, erfuhr ich bald, dass ich „anders" war: anscheinend durch mein Aussehen, durch meine Sprachkenntnisse (ich war dreisprachig) und durch den Beruf und die Geschichte meiner Eltern. Es war nicht möglich, der Konfrontation mit dem Antisemitismus und der Ausgrenzung auszuweichen.

Die Studentenbewegung schuf in diesem Zusammenhang eine zweite Familie: eine Familie Gleichgesinnter, politisch aktiver Menschen, mit vielen Idealen und großer Begeisterung. Obwohl wir sicherlich alle seither viele Illusionen verloren haben, sind das Erlebnis des „Aufbruchs" und der Wille zur Veränderung prägend geblieben.

Die Hinwendung zur Wissenschaft, und gerade zur Sprachwissenschaft und zur Kommunikationsforschung, ist sicherlich nicht zufällig: Früh hatte ich erlebt, dass Kommunikation wichtig ist, dass man durch sie mit anderen in Verbindung tritt und dadurch auch überall Wurzeln fassen kann.

Die Academic Community ist daher auch eine Art „Heimat"; die Heimat Gleichgesinnter, mehrsprachig und (meistens) nicht an Biographien orientiert, sondern an der Person und an deren Leistungen. Es ist ein wunderbares Gefühl, überall auf der Welt FreundInnen zu besitzen; man trifft einander ab und zu und knüpft dort an, wo man zuletzt aufgehört hat.

III. „Welcome to Vienna"

„Wien ist anders", war auf Plakaten auf der Fahrt von Schwechat nach Wien zu lesen, vor einigen Jahren. Wien war auch damals anders; ein anderes Plakat ist mir (und vielen anderen sicherlich) auch in Erinnerung geblieben: „Ich heiße Kolaric, du heißt Kolaric, warum nennen Sie dich Tschusch?" 1999 sahen wir ganz andere Slogans: Von „Überfremdung" war plötzlich die Rede, auch davon, dass „Wien nicht Chicago werden dürfe". Wir lasen und lesen über die scheinbare Bedrohung durch „Schwarzafrikaner", und kürzlich, am 13. Februar 2001, wurden zwei Österreicher indischen Ursprungs am Platz der Menschenrechte in Wiener Neustadt von acht (!) Polizisten aus ihrem Wagen gezerrt, vor den Augen eines Kindes am Hintersitz, und in Handschellen auf die Wachstube geführt, ohne irgendeinen Grund. Als sich herausstellte, dass die zwei Menschen die österreichische Staatsbürgerschaft besitzen, war es offenbar allen recht peinlich. Die Rassismus-Berichte der vergangenen Jahre sind voll von solchen Übergriffen.

In vielen Vorträgen zum Thema „Rassismus" im Laufe des letzten Jahres habe ich immer wieder erlebt, dass sich viele klar gegen Rassismus äußern und solche Ereignisse, wie oben geschildert, schrecklich finden; kamen wir aber auf Juden und auf Arisierung und Entschädigung zu sprechen, war plötzlich eine große Anspannung zu bemerken: „Das ist etwas anderes", wurde mir immer wieder gesagt; „Wir sind doch alle Opfer" usw. Und mühsam versuchte ich immer wieder zu erklären, dass es doch darauf ankomme, wann wer wovon unter welchen Umständen Opfer gewesen sei – Aufrechnungen haben in einer solchen Frage keinen Platz. Neben allen rationalen Argumenten fühlte ich aber immer mehr, dass es mich persönlich betraf: dass die Themen „NS-Vergangenheit" und „Judenvernichtung" noch immer und immer wieder besonders „sensibel" sind. Und erinnerte mich an den Satz von Henryk Broder: „Die Deutschen werden den Juden Auschwitz niemals verzeihen" – offenbar die Österreicher auch nicht!

Ausgeschlossen werden heutzutage aber viele, nicht so sehr aufgrund ihrer Zugehörigkeit zu einer Religion oder Schicksalsgemeinschaft, sondern eher aus politischen Gründen: Kritische Meinungen und kritische Auseinandersetzung sind derzeit nicht gefragt. Es ist eben vieles anders geworden.

Und daher mehren sich die Gedanken und Gespräche: Wo gehören wir hin? Wo wollen wir leben? Wo fühlen wir uns wohl?

IV. Schlussgedanken

Es hilft nicht, wenn man weiß, dass es ähnliche Ideologien und Vorurteile woanders gibt. Denn solche Ausgrenzungen betreffen einen vor allem dort, wo man sich vor kurzem noch zuhause gefühlt hat, wo es emotionale Bindungen gibt, an Landschaften, Menschen, Musik, Sprache, Architektur, politische Errungenschaften usw. Solche emotionalen Bindungen besitzen die meisten Menschen im „Ausland" nicht.

„Auswandern" wird immer attraktiver; oder eben auch eine neue Identitäts- und Selbstdefinition: dass man sich eben dort zuhause fühlt, zugehörig, wo man sich wohl fühlt; als Grenzgängerin, sowohl persönlich wie auch in der Wissenschaft, wie anfangs von Egon Schwarz beschrieben. In einer globalisierten Welt scheint mir dies eine echte Alternative zu sein. Die neuen Schlagworte „Mobilität" und „Flexibilität" lassen sich auch positiv deuten; wir müssen uns unserer Veränderungen bewusst werden und lernen, mit Veränderungen zu leben. Wir sind alle „fremd", wie dies Elie Wiesel formuliert hat. In jedem und jeder steckt was Fremdes, und wir begegnen anderen, die eben auch alle etwas Fremdes in sich tragen. Mit Widersprüchen soll man sich konfrontieren, wir müssen lernen diese auszuhalten.

Und daher fühle ich mich dort willkommen, wo ich mich wohl fühle; das kann in Wien oder irgendwo anders sein.

Hatscheck

VON THADDAEUS ROPAC

Ich mache den alten Rucksack gebrauchsfertig und mache mich auf den Weg. Wohin ich auch komme, grüßen mich die zwei Landessprachen. Ob aus der einen oder anderen Richtung ist einerlei. Ich grüße nach allen Seiten und die Menschen antworten mir. Übermütig suche ich den Weg durch die Dörfer und Siedlungen. Endlich erreiche ich eine Stelle, die mich zum Rasten einlädt, die wohl tut, sich meines müden Körpers erbarmt. Spurensuche entlang der Drau/Drava. Schon viele Jahre lebe ich nicht mehr in Kärnten. Selten verschlägt es mich aus Paris oder Salzburg hierher. Obwohl mein Vater ein Kärntner Slowene ist, reicht mein Slowenisch über einige Grußworte nicht hinaus.

Was heißt es Österreicher und zweisprachig sein?, frage ich meinen Vater. „Wir sind sozusagen immer als Ausländer angeschaut worden." Was heißt es für mich, Österreicher zu sein? Ich lebe zwar einen großen Teil des Jahres nicht in Österreich, mein amtlicher Hauptwohnsitz ist jedoch Salzburg.

Schon Jahre lebe ich in dieser Stadt. Hier durfte ich eindrucksvolle Humanisten kennen lernen und künstlerische Großleistungen erleben. Obwohl sich Salzburg jedes Jahr für einige Monate weltoffen gibt, ein buntes Künstlervolk in die Stadt ein- und viele Kunstinteressierte anzieht, bin ich in dieser Stadt immer auch einer erzkonservativen, katholisch-nationalen Atmosphäre ausgeliefert. Diese Atmosphäre hat sich, seit Thomas Bernhard „Andeutung" schrieb, kaum verändert. „So ist in Jahrhunderten und in wenigen Jahrzehnten das Wesen dieser Stadt ein unerträglich und schon als krankhaft zu bezeichnendes katholisch-nationalsozialistisches geworden, in welchem nur mehr noch Katholisches und Nationalsozialistisches ist." Dieser Geist ist salonfähig geworden. „Einzig die Tausenden und Abertausenden Touristen geben ihr noch menschliche Züge." Ich fühle mich eingezwängt zwischen diesen beiden Welten, die sich kaum berühren, geschweige denn befruchten. Ist das nicht wunderlich? Diese Stadt hat alle Voraussetzungen. Trotzdem steht dem Offenen und der Kunst- und Gastfreundlichkeit ein Bollwerk aus einer Mischung von Erzkonservativismus und sonderbarem Patriotismus unverrückbar gegenüber. Salzburg stößt immer wieder vor den Kopf. Obwohl es einem schwer gemacht wird, gerne Österreicher zu sein, lasse ich mich nicht so schnell entmutigen.

Ich lasse mir selbst meine Kärntner Wurzeln nicht so schnell mies machen. Auch wenn es dem slowenischen Bevölkerungsanteil in Kärnten oft heute noch schwer gemacht wird, sich als Kärntner, Österreicher, Inländer zu fühlen. Sie werden bis heute als geduldete Fremde, Ausländer behandelt, denen man von Zeit zu Zeit medienwirksam, großzügig, in landesfürstlicher Manier Geschenke macht. So stellte der Abgeordnete und Klubchef der FPÖ im Kärntner Landtag, Manfred Strutz, infrage, ob weiterhin die Kenntnis der slowenischen Sprache Voraussetzung sein sollte, um an einem slowenischsprachigen Gymnasium unterrichten zu können. „Der Kärntner spricht Deutsch!" Dieser in der NS-Zeit in ganz Kärnten plakatierte Satz hat offensichtlich noch immer Saison. „Wo man für deutsches Glück und deutsche Ehre stritt, da kämpfte immer auch der Kärntner mit." (Volksweise)

Dass dem schwachen, erst keimhaft sich formenden österreichischen Staatsbewusstsein das gefühlsmäßig und historisch begründete Kärntner Landesbewusstsein zu Hilfe kommen würde, war am 4. Februar 2000 noch nicht abzusehen. Inzwischen macht das Gedenken an die Kärntner Volksabstimmung vom 10. Oktober 1920 dem österreichischen Nationalfeiertag Konkurrenz. Bereits einige Wochen nach der Volksabstimmung verkündete 1920 der Kärntner Landeshauptmann Arthur Lemisch den „Erziehungsplan" für all jene, die sich Deutsch-Kärnten verwehrten. Vor allem mahnte er bei der kirchlichen Führung die intensive Mitarbeit am „Heilungswerk" ein. Lemisch betonte, dass die öffentliche

Verwaltung „hinsichtlich der Schule" tun werde, was sie könne. „Mit deutscher Kultur und Kärntner Gemütlichkeit" sollte „in einem Menschenalter die (…) vorgesteckte Arbeit geleistet" werden. Man sieht, Martin Strutz hat seine Hausaufgaben gemacht. Sein Vorschlag für die wenigen slowenischen Schulen bringt den Kärntner Slowenen eine weitere Verschärfung der Assimilationspolitik.

„Ho ruck über die Karawanken und nicht mehr z'ruck!", ein Spruch aus der Nachkriegszeit, der meinem Vater, Kärntner Slowene aus einer seit Jahrhunderten in Kärnten ansässigen Familie, noch heute im Ohr liegt. Das Aufnahmegerät ist eingeschaltet, das Mikrophon ist gerichtet, die Fragen liegen mir auf der Zunge. „Wir wurden nie anders angeschaut als als hier in Kärnten nur Geduldete, als Windische, Tschuschen. ‚Tschuschen' haben sie immer zu uns gesagt."

In Kärnten wird das, was man den Sprachenstreit oder den ewigen Abwehrkampf nennt, immer wieder aufs Neue begangen. Auf eine persönliche Bitte des Landeshauptmannes von Kärnten, dem als Kulturreferent auch die Betreuung der in diesem Land seit alters hochentwickelten Geschichtswissenschaft von der Archäologie bis zur jüngsten Zeitgeschichte zufällt, wurde eben erst die Finanzierung einer den Kärntner Abwehrkampf thematisierenden Bronzeskulptur vom Kulturstaatssekretär persönlich zugesagt. Auch dem Kulturstaatssekretär im Bundeskanzleramt liegt die in Kärnten seit alters her hoch entwickelte Geschichtswissenschaft offensichtlich am Herzen. Schließlich bittet er, selbst in das Kostüm der den Kärntner Abwehrkampf thematisierenden Bronzeskulptur schlüpfen zu dürfen. Doch das Kostüm ist ihm viel zu groß. Nur mit Mühe kann er die Öffentlichkeit überzeugen. Es ist nötig, dass auch seine Parteifreunde mitspielen – so täuschen alle den anderen und sich selbst etwas vor. Ständig horchen sie den Aussagen des Landeshauptmannes von Kärnten nach, während diese bereits eingedickt sind wie Sauerrahm, während dieser schon wieder in ein neues Wort- und Tatfeld eingedrungen ist. Populistische Show wird hier in gesellschaftliche und politische Kategorien übersetzt. Politik und Populismus werden konvertibel, mitunter völlig identisch. Im Sinne des Regierungsprogramms „Österreich neu regieren – Kultur und Kunst" sollte vielleicht in diesem Zusammenhang die Durchführung von Rubbelaktionen für eine Denkmalerrichtung ermöglicht werden. „Wenn der Vorhang des Staates aufgeht, sehen wir an jedem österreichischen Tag ein Lustspiel für Marionetten." (Thomas Bernhard)[11]

Doch dieses Lustspiel aus dem südlichsten Bundesland Österreichs sollte nicht an den Grenzen Kärntens Halt machen. Kärnten ist ein Modellfall, ein Vorbild für Österreich; Österreich ein Modellfall, ein Vorbild für Europa. Europa ein biedermeierliches Groß-Kärnten.

Zu einer Zeit, da der Nationalstaat im Allgemeinen einen schlechten Eindruck macht, ruft die österreichische Regierung zu einem nationalen Schulterschluss auf. Das nachgeborene Österreich fällt so in vordemokratische, ständische Staatsideen zurück. Doch Bundeskanzler Wolfgang Schüssel wird nicht müde zu betonen, er sei nicht Dollfuß[12], ebenso wenig sei Haider Hitler. Österreich wird dahingehend umgedeutet, dass versucht wird, alles und jeden patriotisch in die Pflicht zu nehmen. In einer an das 19. Jahrhundert gemahnenden Staatsaktion sollte jedes Individuum an den Staat, an die österreichische Nation gebunden werden.

„Es gab eine Zeit, da haben die Slowenen das deutsche Gesicht des Landes gewaltsam verändert", wetterte der bedeutende Kärnt-

---

[11] Thomas Bernhard: Die Kleinbürger auf der Heuchelleiter. In: *Die Zeit* vom 12.2.1978

[12] Engelbert Dollfuß, österreichischer Politiker, geboren 1892, ermordet 1934; 1932-1934 Bundeskanzler, Außen- und Verteidigungsminister; gab 1934 Österreich eine autokrate und ständestaatliche Verfassung und begründete damit den so genannten „Austrofaschismus". Im ÖVP-Parlamentsklub wird sein Andenken durch ein Porträt in Ehren gehalten.

ner Nationalsozialist und nach dem Krieg langjährige Direktor des Kärntner Landesmuseums, Franz Koschier, und belegte dies mit einer ansehnlichen Namensliste. „Auch ein alter deutscher Name lässt sich nicht so leicht unterkriegen." So wurde aus „Plajbes Bleiweiß, aus Bebar Weber, Skrinjar Schreiner, Brehlich Fröhlich …", aus Ropac Ropatsch. „Horchet auch in euren eigenen Namen hinein! Und vielleicht werdet ihr seinen deutschen Ursprung entdecken, wenn er auch fremd klingen mag. Oft genug ist er ja ein schönes deutsches Wort", ermunterte Franz Koschier.

Mein Vater: „Da kann ich mich an eine Begebenheit erinnern, weil ja die Leute Angst gehabt haben, weil ja herumgehorcht wurde, ob man wohl Deutsch spricht, wie man sich unterhaltet. Es ist zum Beispiel Rosenkranz gebetet worden, und die Tochter vom Roschan-Bauern hat vorgebetet, schließlich ist sie stecken geblieben und hat nicht mehr weitergewusst und hat auf Slowenisch weitergebetet. Es gab viele, die nicht richtig Deutsch konnten, z.B. hat ein Bauer zu seinem Knecht gesagt: ‚Den Garling soll er über den Bach hinführen.' ‚Führ die *hare* (slo. Pferd) über den *potak* (slo. Bach).' So haben viele geredet, die nicht richtig Deutsch gesprochen haben, sie haben sich auf diese Weise bemüht, Deutsch zu sprechen: halb und halb."

Ich erinnere mich an meine Schulzeit in den Sechzigerjahren, erste Klasse Volksschule, eine Dorfschule in der Nähe von Klagenfurt, gerade erst konnte ich meinen Namen schreiben, jedes Kind konnte endlich seinen Namen schreiben, jedes Kind wurde einzeln an die Tafel gerufen und malte seinen Namen mit noch unsicheren Zügen an die Tafel, endlich kam die Reihe an mich, auch ich malte meinen Namen an die Tafel und setzte auf das C am Schluss einen eher undeutlichen Hatscheck, der eher nach einem Apostroph als nach einem Hatscheck aussah, und die ganze Klasse hinter mir skandierte wie aus einem Mund „Hatscheck! Hatscheck! Hatscheck!" Die Lehrerin nahm mir die Kreide aus der Hand und malte einen deutlichen Hatscheck auf mein C. „Weißt du denn nicht, wie man einen Hatscheck macht?" Eine Zeit lang wurde ich in der Schule nur noch „Hatscheck" gerufen. Dann: Fußballländerspiel Österreich-Jugoslawien. Und immer die Frage: „Zu wem haltest du, zu Österreich oder zu Jugoslawien?" Da ich mich für Fußball recht wenig interessierte, wirkte ich eher unschlüssig und sagte achselzuckend „Zu Österreich natürlich", was meine Mitschüler meist wenig überzeugte. Beim Einlernen der Kärntner Landeshymne – des Kärntner Heimatliedes – für die Feierlichkeiten zum 10. Oktober schauten mir meine Mitschüler jeweils auf den Mund, ob ich wohl auch die Textzeile „ ... wo man mit Blut die Grenze schrieb ..." mitsänge. Wenn ich meinen Mund nicht deutlich genug bewegte, riefen sie sofort: „Der Hatscheck singt das Heimatlied nicht mit!"

Das Aufnahmegerät ist eingeschaltet, das Mikrophon ist gerichtet, ich stelle meinem Vater die Frage: „Warum hat man auch nach dem Krieg, in den Sechziger-, Siebzigerjahren, den Kindern oft nicht oder nur schlecht Slowenisch gelernt?" „Die Eltern haben unter sich Slowenisch gesprochen, den Kindern aber Deutsch gelernt, manchmal wurde auch daheim nur noch Deutsch gesprochen. Viele haben vor allem davor Angst gehabt, dass die Kinder einmal benachteiligt werden, wenn sie Slowenisch sprechen. Viele lernten ihren Kindern nicht mehr bzw. nur nebenbei Slowenisch, in der Meinung, wenn man die Kinder Slowenisch lehre, hindere man sie am Vorwärtskommen. Damit es vorwärtskommt, muss es zuerst Deutsch lernen. Es gab nur Vereinzelte, die ihre Kinder auf die slowenische Schule geschickt haben. Erst jetzt sind viele dafür, dass die Kinder wieder Slowenisch lernen. Dass sie es als Sprache anschauen und nicht als etwas, über das man spottet. Man hört ja oft und liest in der Zeitung, dass es da immer mehr Zuspruch gibt, sich immer mehr melden für diesen Unterricht."

„Das zahlenmäßige Stärkenverhältnis der ethnischen Gruppen hat sich inzwischen dramatisch verschoben. Anlässlich der Volkszählung 1991 gaben nur noch ungefähr 15.000 Kärntner, das sind knapp drei Prozent der Bevölkerung, Slowenisch als Umgangssprache an. Vor 100 Jahren waren es innerhalb der heutigen

Kärntner Grenzen noch knapp 85.000 gewesen, was einem Anteil von 25,5 Prozent entsprach."[13]

Meine Wanderung geht weiter. Auch mir haben es die Kärntner angetan. So wandere ich von der Hollenburg aus, auf halbem Berghang, über alle Gräben hinweg, die fingerartig und tief von oben herab ausstrahlen, nach Westen. Ein Riesenkärntner läuft mir über den Weg, ein prachtvoller Bursche. Ich schlage mich durch schattige Waldgründe, blicke in feuchte Gruben und betrete moosiges Wiesenland, wo der Hundszahn in freudiger Blüte steht.

Kärntner um Kärntner wandert an mir vorbei: vornehme Gestalten mit goldbraunen Borten. Es gibt ja so viele Kärntner überall in Kärnten. In meinem Rucksack klirren die Gläser, doch bringe ich meine kostbare Jagdbeute an all den Wehrburgen vorbei heil durchs Rosental. Endlich gehe ich durchs Dorf. Es ist nicht mein Geburtsdorf, sondern das Dorf, in dem mein Vater geboren ist. Erstaunlich, dass man aus einer mittleren Hörweite an diese Gegend gebundene Volkslieder nicht auseinanderhalten kann: ob jetzt Slowenisch oder Deutsch gesungen wird.

So endet auch meine Unterhaltung mit meinem Vater versöhnlich. „Da kann ich mich noch gut daran erinnern, wie sich meine Großmutter mit ihrer Nachbarin, der Deutschbäurin, unterhalten hat. Die Deutschbäurin hat nur Deutsch gesprochen, sie war zugezogen, aber sie hatte so viel gelernt, dass sie Slowenisch verstanden hat. Und meine Großmutter hat auch nur Slowenisch geredet, aber Deutsch verstanden, und so sind sie vor der Türe gesessen, und meine Großmutter hat Slowenisch gesprochen und die Deutschbäurin Deutsch, und sie haben sich prächtig unterhalten. Das war irgendwie schön."

---

[13] Theodor Domej, in: Kärnten unten durch, Klagenfurt/Celovec 1998, S. 413

Wiener auf Widerruf

VON JOSEPH CYRIL STOISITS
AUFGEZEICHNET VON OLIVER LEHMANN

Ich bin drei Jahre alt. Was mein Vater an meiner Stelle über meine Herkunft schreibt, ist seine Sicht der Dinge, seine Geschichte, entspringt seiner Fantasie. Viele „Meins", viele „Seins" in einem Satz. Wem gehört sie also, die Geschichte und diese Geschichte?

Für den Moment der Aufmerksamkeit jedem, der sie wahrnimmt.

In jedem anderen Moment gehört sie nicht uns, sondern wir ihr. Unwiderruflich.

Aber: „Unwiderruflich" ist kein brauchbares Wort für einen Dreijährigen. Alles kann auf den Kopf gestellt werden: die Erinnerung, das Kinderzimmer, das Versprechen, sich bei Tisch zu benehmen. Mit drei Jahren ist nur eines unwiderruflich: die Familie. Der kann man nicht entkommen, ob man will oder nicht, ob sie gut ist oder nicht. Aber so aufregend wie eine spannende bedtime story ist meine Familiengeschichte nicht. So weit es sich überblicken lässt, haben alle meine Vorfahren im 20. Jahrhundert ein unauffälliges Leben geführt, sind alle friedlich und nicht gewaltsam verschieden.

Europäisches Mittelmaß, sagt mein Vater. Und dass es Schlechteres gebe. Denn, so sagt er, nicht wenige Menschen des 20. Jahrhunderts aus Großbritannien, Deutschland und Österreich würden die Familien Hart, Dadswell, Lehmann, Keiling, Kirisits, Stocsits, Stoisits und Zsifkovits um dieses Mittelmaß beneiden. Man kann das auch anders formulieren: Sie führten recht friedvolle Leben.

*

Die Familien meines Vaters stammen aus Wales, Süd- und Westengland, aus Sachsen-Anhalt, der Mark Brandenburg und Pommern. Die Chance, dass die Familie meiner Großmutter Dilys Dadswell und die meines Großvaters Günter Lehmann einander begegneten, war jahrhundertelang gering, sehr gering sogar. Waren die Briten davon überzeugt, that „Britannia rules the waves", und in die USA, nach Kanada, Südafrika und Australien zogen, verließen die Deutschen bis zum Ende des 19. Jahrhunderts nur selten ihre nähere Umgebung. Sie bauten als Maurer, Baumeister und Architekten Straßen, Speicher und Wohnhäuser im Umland von Berlin. Nicht immer termingerecht. In der Familienvita schreibt mein 1905 geborener Urgroßvater Franz Lehmann: „Bei der Hochzeit meiner Eltern am 3. Juli 1894 war das Wohnhaus noch nicht fertig. Die Haustür fehlte und Restarbeiten waren noch zu machen." Das einzige von Fernweh geplagte Mitglied der Familie wird in der Vita eher verwundert denn stolz erwähnt: Carl Lehmann „lockte die weite Welt. In den Jahren 1876 bis 1885 überquerte er als Musiker auf Schiffen des Norddeutschen Lloyd insgesamt achtmal den Ozean."

Verlieren sich die Spuren der deutschen Verwandtschaft in brandenburgischen Kirchenbüchern des 17. Jahrhunderts, ist die Geschichte eines Teils der britischen Verwandtschaft – dank einer Hobbygenealogin – besser dokumentiert. Der Name meines 1906 geborenen Urgroßvaters Cyril Dadswell findet sich als Ortsname zum ersten Mal Mitte des 8. Jahrhunderts in der Chronik des Klosters Worcester, im Westen Englands in den Cotswolds-Hügeln an der Grenze zu Wales gelegen. Der Ort Dowdeswell wird das nächste Mal im Domesday Survey von 1086 erwähnt. Das Domesday Survey wurde auf Anordnung von William the Conquerer durchgeführt, der zwanzig Jahre nach der Eroberung Britanniens durch seine Normannen aus fiskalischen Gründen einen Überblick über Mensch, Vieh und Ländereien haben wollte. „Die Herrschaft von Upper Dowdeswell gehörte zur Zeit kurz nach der normannischen Eroberung einer Familie gleichen Namens", heißt es in einem regionalhistorischen Band aus dem Jahr 1700. Gegen Ende des 19. Jahrhunderts schreibt ein E.R. Dowdeswell in seinem Werk „Gloucestershire Notes & Queries", dass „der erste erwähnte Träger des Namens der Pfarre William de Dowdeswell war, der während der Regentschaft Henry I (1100-1135) dem Templerorden Land in der Nähe von Andoversford stiftete."

Seit Robert Doudeswell (1560-1636) ist dieser Familienzweig lückenlos dokumentiert; ein in Sussex ansässiger Viehhändler und yeoman, also freier, nichtadeliger Gutsbesitzer, wie viele seiner Nachkommen, die die Hobby-Genealogin so charakterisiert: „Die Familienmitglieder waren einfache, ordentliche Leute, ein ruhiges Landleben führend, ohne Ambitionen auf sozialen Aufstieg. Es finden sich zwar weder große Staatsmänner noch Kriegshelden; aber auch niemand, der am Stammbaum baumelt."

Die Familiengeschichte meiner Urgroßmuter Margaret Dadswell, geborene Hart, ist weniger gut dokumentiert, aber umso besser von ihr erzählt worden. Wie zum Beispiel die Geschichte der ersten Begegnung ihrer Eltern. Der Vater, ein Nachrichtenoffizier Ihrer Majestät, Queen Victoria, hat den Befehl, Telegrafenmasten in einem abgeschiedenen walisischen Tal voll saftig-grüner Wiesen zu errichten („Und welches walisische Tal wäre nicht voller saftig-grüner Wiesen", pflegte meine Urgroßmutter an dieser Stelle zu betonen), als ihm ein junges, wunderschönes Mädchen begegnet.

Er spricht sie an, doch sie ist nur erstaunt. Er sagt noch einmal „hello", doch sie schlägt die Augen nieder. Er ist verwirrt; für einen ordentlichen Offizier Ihrer Majestät war es ohnehin verwegen genug, ein Mädchen einfach anzusprechen. Sie antwortet noch immer nicht und denkt sich nur, dass die Schamesröte auf seinen Wangen einen entzückenden Kontrast zum azur-blauen Himmel bildet, über den blitzweiße Schäfchenwolken dahinstoben, die der Westwind von der Irischen See herantreibt. Dann schauen sie einander an. Lange. Ganz lange. Sie spricht nur Walisisch. Er nur Englisch. Sobald sie Englisch kann, werden sie heiraten.

Oder diese Geschichte: Der Vater – inzwischen in Zivil – ist wieder einmal seit Monaten fort. Als eines von wenigen im Ort besitzt das Elternhaus meiner Urgroßmutter ein Telefon. Der Vater, sagt die Mutter mit ihrem zarten walisischen Akzent, verlegt ein langes Telefonkabel, und zwar im Meer. So so, im Meer. Und was ist, wenn der Wal das Kabel frisst? Na ja. Da läutet das Telefon. Die Nanny traut sich nicht den klingelnden Apparat anzufassen. Also läuft die kleine Margaret hin. „Hello there, darling. It's your daddy." Es knistert in der Leitung. „I'm calling from Sidney. You are the first person ever to receive a phone call from Australia." Queen Victoria wird den Vater für diese technische Meisterleistung zum Member of the Order of the British Empire ernennen. Das beeindruckt die Enkel von Margaret sieben Jahrzehnte später vor allem deswegen, weil auch die Beatles mit diesem Titel ausgezeichnet wurden.

Was aber ist wahrer? Der Nachweis des Familiennamens im Domesday Survey oder die sprachlose Begegnung eines Offiziers und eines Mädchens auf einer Wiese in Wales? Die Dokumente des Urgroßvaters oder die Erzählungen der Urgroßmutter?

Wales und Pommern, Australien und die Mark Brandenburg, Sussex und Sachsen-Anhalt: Waren die Chancen, dass sich meine Vorfahren väterlicherseits vor dem Zweiten Weltkrieg begegneten, ziemlich gering, so waren sie nach dem Krieg praktisch inexistent. Feindesliebe ist nicht jedermanns Sache, schon gar nicht nach einem Krieg wie jenem. Dass Großmutter Dilys Dadswell doch auf Großvater Günter Lehmann traf, hat mit zwei Dingen zu tun. Zum einen, dass die beiden einander als Fremde in der Fremde – nämlich in Wien – begegneten. Zum anderen, dass der deutsche Urgroßvater Franz Lehmann seiner Familie vermittelte, der Feind sei nicht außerhalb der Grenzen Deutschlands, sondern innerhalb der Grenzen zu finden. Aber so richtig taugt auch er nicht als Held einer spannenden bed time story: Er war kein Aufsässiger, kein Mitglied des Widerstands. Er wurde bloß kein Mitglied der NSDAP, machte bloß keine Karriere im NS-Staat, erlaubte bloß seinem Sohn nicht, zur HJ zu gehen, hielt sich bloß an seinem protestantischen Glauben fest.

Das klingt nicht nach viel. Das war nicht wenig. War es genug? Wieder tut sich die Kluft auf zwischen Dokument und Wahrheit. In den Akten – nicht nur jenen des Franz Lehmann – sind die oben angeführten Fakten nachzulesen. Doch was hat er als Bauingenieur im Hinterland gesehen und erfahren? Was wusste er als Bürger des Deutschen Reichs in den Jahren 1933 bis 1945 von Konzentrationslagern, Sondereinheiten und Führerbefehlen? Erzählt hat er davon nichts.

13 Jahre nach Ende des Zweiten Weltkriegs lernen einander Dilys Dadswell und Günter Lehmann in Wien kennen. Sie arbeitet Ende der Fünfzigerjahre bei der eben in Wien eingerichteten Atomenergieorganisation, er leitet das Büro einer deutschen Werbeagentur und macht sich dann selbstständig. Sie sind beide fremd in Wien, sie werden es hier immer bleiben.

An das Fremd-Sein haben sie sich zuvor gewöhnt: Dilys Dadswell hatte in Paris als Au-pair gejobt, bevor sie als Sekretärin zum Europarat in Straßburg wechselte; Günter Lehmann war als Halbwüchsiger mit seiner Familie 1944 von Berlin nach Baden-Württemberg geflüchtet, hatte in Stuttgart Buchdrucker gelernt, in Berlin Volkswirtschaft studiert und im Ruhrgebiet gearbeitet. 1961 heiraten die beiden in ihrer nordenglischen Heimatstadt Sheffield. Die Lokalzeitungen berichten über das gesellschaftliche Ereignis. „Romance in Vienna", schwärmt der *Sheffield Telegraph*, „Atom girl returns home for her wedding", titelt der *Sheffield Star*: eine Britin und ein Deutscher! Umgekehrt wäre das keine Schlagzeile gewesen, einer ihrer Brüder wird wie so manch anderer in Deutschland stationierte Offizier der Royal Horse Artillery mit einem german froilein als Braut zurückkehren. So aber bekommt Brautvater Cyril Dadswell anonyme Post: Wie kann er nur? Seine Tochter dem Feind überlassen! Nach der Hochzeit geht es nach einem Intermezzo in Wiesbaden wieder nach Wien. Das ist einfacher als ein Leben in Großbritannien oder in Deutschland; sie muss sich nicht als Siegerin, er nicht als Besiegter rechtfertigen. Ohne es recht zu ahnen, passen sie mit dieser Einstellung gut ins Wien der Sechzigerjahre.

Trotzdem ist Wien nicht ihre Stadt. Die Großmutter versteht es bis zum heutigen Tage an einem Kokon zu weben, dessen Fäden aus einem anglo-amerikanischen Freundeskreis, dem Satellitenempfang britischer Radio- und TV-Stationen, dicken Londoner Sonntagszeitungen und einem distanzierten Verhältnis zu Gewürzen besteht; der Großvater konnte und wollte – bei aller ehrlich ausgelebten und durchaus erwiderten Liebe zu österreichischen Landschaften wie dem Café Hawelka oder dem Waldviertel – bis zu seinem Tod nie seinen Berliner, also piefkenesischen Akzent ablegen. Auch mein Vater Oliver Lehmann spricht zur Verblüffung, manchmal zum Zorn seiner Schulkollegen dieses Idiom und nimmt erst mit 14, als Günter Lehmann stirbt, den Wiener Akzent an – dann aber innerhalb weniger Wochen.

*

Der Akzent meiner Familie mütterlicherseits ist bis heute vom Kroatischen geprägt, auch wenn meinen nächsten Verwandten als erste Sprache Deutsch beigebracht wurde. Doch die slawische Melodie ihrer vor 450 Jahren aus Kroatien eingewanderten oder von den ungarischen Landesherren im heutigen Burgenland angesiedelten Vorfahren ist geblieben. Sie wird vor allem dann hörbar, wenn Tanten und Onkeln untereinander Deutsch reden: beweglicher im Sprachfluss, reicher an Tönen, emotionaler in der Betonung und eine Quart höher als im Deutschen üblich.

Die Chancen meiner Großeltern mütterlicherseits einander über den Feldweg zu laufen waren groß, eine Begegnung praktisch unausweichlich. Sie stammen – wie so ziemlich alle ihre Vorfahren der letzten 450 Jahre – aus dem südburgenländischen Dorf Stinatz, einem bis heute dominant kroatischsprachigen Ort mit dem entsprechenden Namen Stinjaki. Meine Großeltern Anna Zsifkovits und Andreas Stoisits sprechen Kroatisch, als sie einander kennenlernen. Doch ihren vier Kindern bringen sie nur Deutsch bei, schicken sie nicht in Stinatz zur Volksschule, sondern in den „deutschen" Nachbarort. So will es der Vater, der die Woche über als Bauleiter in ganz Österreich Staudämme errichtet, Tunnel bohrt, Straßen baut, während sich die Mutter um die kleine Landwirtschaft und die Kinder kümmert. Besser sollen sie es haben, auf die Hauptschule gehen können, vielleicht sogar ins Gymnasium oder die HTL. Die drei Mädchen sollen nicht bloß Hilfsarbeiterinnen in der Hemdenfabrik, der Bub nicht bloß Polier auf Wiener Großbaustellen werden.

Dabei hat das Pendeln der Stinatzer Männer Tradition; im Gegensatz zu vielen anderen armen Regionen – nicht nur im Burgenland – führte der Arbeitsplatz in den Großstädten nicht zur Zerstörung alter Familienstrukturen, sondern war nur die Abwandlung des seit Jahrhunderten praktizierten Broterwerbs. Denn Stinatz war lange als Dorf der Viehtreiber und Viehhändler, der „Kiapracker" bekannt. Und während die Männer wochenlang von einem Markt zum anderen zogen, war Stinatz das Dorf der Frauen. Der Ethnologe Gerhard Neweklowsky schreibt 1983: „Im gesamten südwestpannonischen Raum gibt es keine zweite Ortschaft, in der eine so ausgeprägte Form von matrilinearem Familienleben vorhanden wäre wie eben in Stinatz."

Die Frauen sind es demnach, die die Geschichte verwalten, und zwar, indem sie Geschichten erzählen. Früher geschah das an Winterabenden, wenn der Kukuruz zu Bündeln geknotet oder die Federn gelesen wurden. Heute werden die Geschichten mit anderen Mitteln erzählt: 1986 drehte meine Mutter Marijana Stoisits einen Dokumentarfilm mit dem Titel „Stinjačke čizčme", zu Deutsch „Und damit tanzen sie noch immer." Hauptperson des Films ist der alte Schuster im Ort, der für die Kamera zum letzten Mal ein Paar der berühmten Stinatzer Tanzstiefel, der „stinjačke čizčme", anfertigt. In dem Film kommt auch ihre Mutter, Anna Stoisits, vor. In einer Szene sitzt sie mit einer Schwester und einer

Nachbarin bei der Jause auf dem Acker. Marijana fragt sie nach Alltäglichkeiten: „Warum diese Sense? Warum nicht eine andere? Ist es schwierig, dass die Männer die Woche über weg sind?" Alles ethnologisch einwandfreie Fragen. Meine Großmutter antwortet, aber es ist ihr anzusehen, wie sie diese Filmerei für eine zwar ganz amüsante, letztlich aber unnötige Zeitverschwendung hält. Sie mag sich denken: „Was will das Kind das von mir wissen? Weiß es eh und hat mich schon dreimal danach gefragt." Aber dann gibt es auch ein Foto von ihr, aufgenommen bei der Premiere des Films in Stinatz, wie sie sehr glücklich dreinblickt und sich diesmal denken mag: „Was bin ich stolz auf das Mädl. Studiert in Deutschland und hat einen Film über Stinatz gemacht. Und jetzt kommen alle und schauen ihn sich an." Was sie wirklich gedacht hat, weiß ich nicht, kann ich sie heute nicht mehr fragen. 1990 stirbt sie vor ihrer Zeit. Auch das ist eine Geschichte; aber keine, die sich leicht erzählen lässt.

Den Eltern war höhere Bildung verwehrt geblieben. Zum einen wegen der Umstände – aus einem abgeschiedenen Ort stammend, während des Zweiten Weltkriegs aufgewachsen –, zum anderen aber auch wegen ihrer mangelnden Deutschkenntnisse. Aufsteiger sprechen im Burgenland der Sechzigerjahre Deutsch. Und zwar nur Deutsch. Claudio Magris schreibt in seinem 1986 erschienenen Buch „Die Donau" im Kapitel „Eine Minderheit, die sich assimilieren will": Die Kroaten scheinen „am eigenen Aussterben mitzuwirken." Der burgenländische SPÖ-Politiker Fritz Robak „versichert, dass man die Sprache wechseln könne, wie man die Religion oder die Partei wechselt". (Ein verwegener Gedanke für einen burgenländischen Politiker: die Partei einfach zu wechseln!) Magris zitiert noch einmal Robak: „,Da', so äußert er sich mit zufriedener Miene, indem er auf die Landkarte zeigte, ‚Kroatisch Tschantschendorf, früher gab's da nur Kroaten, heute gibt's keinen einzigen mehr'."

Dass es im Burgenland nicht überall so kam, ist paradoxerweise den von den Kindern erfüllten Aufstiegssehnsüchten der Väter zu verdanken: Dank der durch höhere Bildung ermöglichten ökonomischen Unabhängigkeit wurden die Kinder dazu befähigt, ihre Identität selber zu bestimmen, sich von der Zuweisung des Vorgesetzten, der Eltern, des Bürgermeisters, der Robaks zu lösen. Wenn den Kindern Kroatisch nicht zuhause beigebracht wurde (beim Tratschen am Hauptplatz, beim Gottesdienst in der Kirche, im Kinderlied, im Zorn ließ es sich ohnehin nicht vermeiden), dann lernten oder perfektionierten sie es in Sprachkursen oder Sommerakademien.

Multikulturelle Praxis, konkret Mehrsprachigkeit, hängt eng mit Freiwilligkeit zusammen. Wem jahrzehntelang – im Burgenland bis 1921 von den magyarisierenden Komitatsherren und dann von deutschtümelnden (nicht selten aus kroatischen Familien stammenden) Bürgermeistern – eingebläut wurde, die eigene Sprache sei minderwertig, der verknüpft irgendwann die existenzielle Armut mit der Verwendung der Minderheitensprache. Multikulturelle Praxis setzt nicht bloß gesellschaftliche Akzeptanz, sondern vor allem – sehr simpel – ökonomische Sicherheit voraus. Mit den Worten einer meiner Stinatzer Großtanten, von meinem Vater gefragt, warum denn Mehrsprachigkeit so schlecht sei, schließlich sei er ja auch zweisprachig aufgewachsen: „Englisch, des is jo a Språch. Krowodisch is ka Språch."

Über Stinatz ist schon viel geschrieben worden, ist noch einmal ordentlich und umfassend zu schreiben. An dieser Stelle nur so viel: Die Generation der heute 30- bis 45-Jährigen, die Kinder der assimilationswilligen Väter, ist eine eigene Geschichte wert. Der Ort zählt nicht mehr als 1.400 Menschen – am Wochenende; wochentags ist die Mehrheit der Beschäftigten noch immer als Pendler in ganz Österreich tätig. Die einen traditionellerweise auf Baustellen, andere im Parlament, auf Konzert- und Kabarettbühnen, in TV-Redaktionen, in Filmstudios, in Schuldirektionen, in der Bischofskonferenz, auf Lehrstühlen, im Internet. Diese erstaunliche Dichte an politischer, wissenschaftlicher und künstlerischer, also sozialer Kreativität kann man mit der Auflehnung gegen die Väter, mit dem allgemeinen Aufschwung in Österreich und dem speziellen im Burgenland, besonders mit der entschlossenen Wahrnehmung der Angebote sozialdemokratischer Bildungspolitik in den Siebzigerjahren erklären.

Doch diese Gründe lassen sich auch auf andere abgeschiedene Dörfer in ganz Österreich übertragen. Was also ist eigentümlich? Zum einen die plötzliche Entladung einer Energie, die sich über 450 Jahre in dem hoch differenzierten sozialen Gewebe eines kleinen Dorfs mit nur wenig Kontakt zu den angrenzenden Ortschaften entwickelt hat. (Der Großvaters eines Freundes der Familie aus dem nahe gelegenen Oberwart empfiehlt seinem Enkel noch Anfang der Neunzigerjahre: „Such dir keine Freundin aus Stinatz. Da stehen immer drei Brüder dahinter. Das bringt nur Probleme!") Anders gesagt: Wer sich mühelos Verwandtschaftsverhältnisse bis zum fünften Grad merken, die Haus- und Spitznamen den ursprünglich nur elf Familiennamen zuordnen und mit dieser Handvoll Menschen halbwegs gesittet auskommen kann, der verfügt über ein kommunikatives Talent und eine soziale Intelligenz, die die Analyse eines urbanen Beziehungsgeflechts in Form eines Kabarett-Sketches oder die Überwindung der Nominierungsquerelen innerhalb einer Partei als leichte Übung erscheinen lassen.

Zum anderen ist es die Erfahrung der Mehrsprachigkeit. Aus dem Manko der Eltern und Großeltern ist im Kommunikationszeitalter ein Statussymbol geworden. Wer mit mehr als einer Sprache aufgewachsen ist, weiß um die jeweiligen Unvollkommenheiten von Sprachen. Und um ihre spezifischen Fähigkeiten: Einen Text wie „Schön klingen die Glocken von Wien, aber noch schöner klingt das Schluchzen der Mutter bei der Heimkehr des Sohnes" kann man als vernünftiger Mensch unmöglich auf Deutsch (und schon gar nicht auf Englisch), aber durchaus mit Anstand auf Kroatisch singen. Andererseits finden sich im offiziellen burgenländisch-kroatischen/deutschen Wörterbuch viele Einträge aus dem Bereich des Erbschaftsrechts (in Kenntnis der hochkomplizierten Hinterlassenschaftspraxis durchaus nachvollziehbar), aber kein einziges Synonym für „Geschlechtsverkehr" (in Kenntnis der Großfamilien nicht nachvollziehbar). Die oben angesprochene Energieentladung hat auch dazu geführt, dass nicht bloß ein Mitglied der Minderheit in der deutschsprachigen Öffentlichkeit steht, sondern sogar der Eindruck geweckt wird, Kroatisch sei eine Voraussetzung für Erfolg; womit die Praxis der Sprache erneut bestärkt wird. Und schließlich eignet sich die Mehrsprachigkeit hervorragend beim Anbandeln.

Oktober 1990: In einem Wirtshaus in der Wiener Innenstadt feiert eine Runde den Ausgang der Nationalratswahl. Meine zukünftige Mutter Marijana Stoisits erkundigt sich bei ihrer jüngeren Schwester quer über den Tisch auf Kroatisch, wer denn der Typ sei, der sich da einfach zu ihr gesetzt hat, weil der Freund so blöd war, so früh nach Hause zu gehen. Schließlich muss der charmante Kerl ja nicht gleich alles verstehen. Und ihre Schwester antwortet ihr auf Kroatisch: Ein Journalist, der ist ganz nett. Und obwohl Marijana Stoisits bald darauf wieder nach Hamburg, ihren damaligen Wohnort, zurückfahren wird, findet sich alles. Oliver Lehmann wird ihr nachziehen. 1993 werden sie heiraten.

*

Meine verstorbene Schwester Antonia wird im November 1996 geboren, ich im November 1997, meine Schwester Apollonia im September 2000; wir kommen alle in Wien zur Welt, wohin meine Eltern – meine Mutter nach 16 Jahren in Deutschland, mein Vater nach vier – wieder übersiedelt waren. Wird Wien der Mittelpunkt unserer Welt sein? Das hängt von zwei Faktoren ab: Von Wien. Und von uns.

Wenn uns Wien nicht will, können wir aus einem Schatz an Erfahrungen (und drei Sprachen) unserer Vorfahren schöpfen, der hilft, uns auch anderswo einzurichten.

Wenn wir Wien nicht wollen, können wir aus einem Schatz an

Erfahrungen (und drei Sprachen) unserer Vorfahren schöpfen, der hilft, uns auch anderswo einzurichten.

Und zu wissen, dass wir die Wahl haben, macht es angenehmer, in dieser Stadt zu leben.

Der Traum von Prag

von Barbara Coudenhove-Kalergi

Ich war zunächst steinunglücklich, als ich 1945 als zwölfjähriges Flüchtlingskind nach Österreich kam. Weisspriach im Lungau. Da sollte ich jetzt zuhause sein? Dieses enge Tal? Diese Berge, die einem nach allen Seiten den freien Blick versperrten? Diese blöden braunweißen Kühe überall, mampfend auf den Wiesen? Ich war mit meinen Eltern aus Prag vertrieben worden, nach meiner festen Überzeugung dem schönsten Platz der Welt. Wir hatten im Salzburger Lungau Zuflucht gefunden, wo mein Großvater in einem entlegenen Tal der Gämsen wegen eine Jagd und ein Bauernhaus besaß. In Wirklichkeit war es natürlich wunderschön dort, vor allem in jener touristenlosen Zeit. Aber nicht für mich. Mein Traum hieß Prag. Wenn mich niemand sah, weinte ich vor Heimweh.

Österreich zu lieben lernte ich erst ein paar Jahre später, und zwar durch die Literatur. Ich wohnte inzwischen in Wien, wo es fast so schön war wie in Prag. Ich hatte Joseph Roth entdeckt, Musil, Schnitzler, Karl Kraus und Herzmanovsky-Orlando. Die letzten beiden konnten meine Freunde und ich passagenweise auswendig und wir sagten sie einander vor, jedesmal von Lachen geschüttelt. Über die Aufzählung der Hofzwerge im „Gaulschreck im Rosennetz", inklusive dem „unvergesslichen Krschisch, der die böhmische Sprache erfunden hat" , konnten wir uns immer wieder amüsieren.

Hier fanden wir einen letzten Hauch von jenem größeren Österreich, das uns faszinierte und dessen Spuren wir überall suchten, in der Architektur, in den Kaffeehäusern, auch in den Menschen. Ja, hier konnte man zuhause sein. Aber ich konnte auch Joseph Roth verstehen, der nach 1918 über das kleiner und provinzieller gewordene Österreich an einen Freund geschrieben hatte, hier sei ihm „zuviel Scholle und zu wenig Weite".

Jeder, dessen Wurzeln anderswo liegen, muss sich seine Identität mühsam suchen, ja er muss sie in gewisser Weise selbst erfinden. Aber wo lagen meine Wurzeln? Meine Vorfahren kamen aus Brabant und aus Kreta, aus Polen und Frankreich, aus Ungarn und Deutschland und sogar aus Japan. Aber Stammbäume hatten mich nie interessiert. Meine Seelenwurzeln lagen in Prag.

Freilich, ich war als deutschsprachiges Kind in einer von Deutschen unterworfenen und beherrschten tschechischen Stadt aufgewachsen, nicht ganz zu den einen und nicht ganz zu den anderen gehörend. Es war eine schwierige Identität von Anfang an. Das Außenseitertum war mir in die Wiege gelegt. Im Brustton der Überzeugung von „Heimat" und „Vaterland" zu sprechen, habe ich nie wirklich gelernt.

Ich erinnere mich an einen Tag in der deutschen Schule in Prag, irgendwann in den frühen Vierzigerjahren. Ein Herr vom Amt des Reichsprotektors, in Parteiuniform mit Parteiabzeichen, war zu uns in die Klasse gekommen. Er sprach mit reichsdeutschem Akzent und hielt uns eine Rede, die in dem Satz gipfelte: „Deutsche Kinder, vergesst nie, dass ihr hier im Feindesland seid."

Ich war zu Tode erschrocken. Mein Prag? Feindesland? Die anderen Kinder fanden nicht viel dabei. Die meisten waren Söhne und Töchter deutscher Funktionäre aus dem Altreich, einige waren so genannte Volksdeutsche aus tschechischsprachigen gemischten Familien, die die Chance zur Germanisierung ergriffen hatten, um ihren Kindern eine bessere Ausbildung zu ermöglichen. Einheimische deutschsprachige Prager gab es, seit die Juden verschwunden waren, nur noch wenige.

Ich erzählte die Geschichte vom Feindesland zuhause. Meine Mutter beruhigte mich. Unsinn, befand sie, du bist hier in keinem Feindesland. Du bist hier daheim. Oder ob ich vielleicht meinte, dass Marenka, unsere heißgeliebte Köchin, eine Feindin sei? Nein, natürlich nicht. Na also. Aber das Gift-Wort blieb hängen und die Verwirrung auch.

In den Monaten vor der Vertreibung war ich leidenschaftlich

verliebt in meine Vaterstadt. In jener kurzen Zeit, in der man sich vom Kind allmählich in eine Jugendliche verwandelt, entdeckt man die Welt neu. Man sieht alles mit neuen Augen. Das Selbstverständliche ist plötzlich nicht mehr selbstverständlich. Meine neue Welt, eine Welt voller Wunder und Geheimnisse, war Prag. Es war eine Lust und ein Abenteuer, nach der Schule nicht direkt nachhause zu gehen, sondern verbotenerweise noch „herumzustrabanzen" und die unzähligen Gassen und Winkel der Kleinseite und der Altstadt zu erkunden. Damals hatte ich eine große Ambition: später einmal, wenn ich kein Kind mehr war und strabanzen durfte, so lange ich wollte, die Stadt wirklich zu kennen, alle Gässchen, alle Plätze, alle Höfe, alle Kirchen und Paläste mit den dazugehörigen Geschichten, so wie mein Vater sie kannte.

Die Kleinseite war „unsere" Seite. Hier gab es viele barocke Palais, viele barocke Kirchen, allen voran die gewaltige Niklaskirche mit der hohen Kuppel, hier lagen der Laurenziberg und der Kinskygarten und der Seminargarten, wo im Frühjahr in üppiger Fülle der Flieder blühte und der Duft wie eine Wolke über dem Park hing und einen den ganzen Weg hinauf zum Hradschin begleitete. Hier wohnten viele Bekannte der Eltern und hier gingen wir am Sonntag zu den Augustinern nach St. Thomas in die deutsche Messe.

Jenseits der Moldau lag die „andere Seite", die Altstadt. Die Altstadt war dunkel, verwinkelt und ein bisschen unheimlich. Hier waren das Judenviertel und der jüdische Friedhof, hier stand die ehrwürdige Teynkirche, wo irgendwo – niemand wusste genau, wo – die abgeschlagenen Köpfe der protestantischen Rebellen vom Prager Ständeaufstand bestattet waren. Hier war der Golem seiner Wege gegangen und hier hatte der Ketzer Jan Hus gepredigt. Lange bevor ich die Geschichte der Stadt kannte, wusste ich instinktiv, dass die Altstadt „anders" war, eben „die andere Seite".

Meine Schulkollegin Gertrude Engel, genannt Engele, wohnte in der Altstadt. Irgendwie passte das zu ihr. Engele war klein und ein wenig verwachsen und hatte feuerrote Haare wie eine Hexe. Einmal lud mich Engele nach der Schule zu sich nachhause ein. Es zeigte sich, dass ihr Vater ein Kakteengeschäft nahe dem Altstädter Ring hatte. Es war ein Kellergewölbe, über ein paar Stufen zu erreichen. Drinnen gab es unzählige Kakteen, kleine und große, stachlige und flaumige, runde und längliche. Sie standen in ihren Töpfen wie lauter abgeschlagene Köpfe. Ich weiß noch, dass mich plötzlich so etwas wie Panik ergriff. Die Kakteen, der Keller, die hexenhafte Engele – ich verabschiedete mich schnell und rannte nachhause, nicht ohne mich zwischendurch in den engen Altstadtgassen zu verirren.

Die Neustadt rund um den Wenzelsplatz war wiederum eine andere Welt, großstädtisch, modern und mondän. Das war die Domäne meiner großen Brüder, die in der Stepanska, einer Seitenstraße des großen Platzes, ins deutsche Gymnasium gingen. Auf dem Wenzelsplatz gab es Kinos im Stil der Zwanziger- und Dreißigerjahre, prächtige Kaffeehäuser und das Imbisslokal Koruna, wo man um eine Krone aus einem wunderbaren Automaten ein Sandwich herausholen konnte. Wenn man, wie meine Brüder, einen besonderen Trick kannte, auch zwei.

Oben auf dem Wenzelsplatz stand und steht der Heilige Wenzel auf seinem Pferd, umgeben von den vier anderen böhmischen Landespatronen. Ihre Namen kannte ich schon früh: Ludmila und Agnes, die Przemyslidenfürstinnen, von denen die letztere erst nach der Wende heilig gesprochen wurde, Adalbert (Vojtech) von Böhmen und Prokop, der Mönch. Als ich Jahre später Adalbert, dem Polenmissionar, im polnischen Gnesen wiederbegegnet bin und dem schwarzen Prokop auf einem Bild im steirischen Stift St. Lambrecht – weiß Gott, wie er dort hingekommen ist –, war es ein freudiges Wiedersehen.

Meine lebenslange Liebe zu den Heiligen habe ich aus meiner Prager Kindheit. Die Wenzelsplatz-Heiligen sind strenge Nationaldenkmäler aus dem 19. Jahrhundert. Das silberne Nepomuk-Grab im Veitsdom mit der Zunge des Heiligen in glitzernder

Monstranz ist ein Prachtstück aus der Gegenreformation. Und die zahllosen barocken Heiligenfiguren auf den Kirchen und Palästen der Kleinseite balancieren mit Vorliebe sprungbereit auf den Dächern, ganz so, als wollten sie jeden Augenblick geradewegs in den Himmel fliegen. Bis heute kann ich keine Kirche betreten, ohne sofort festzustellen, wen die Heiligenfiguren darstellen.

In die Stadt fuhren wir mit der Straßenbahnlinie 9. In meiner Prager Kindheit während der Nazizeit mussten die tschechischen Schaffner in der Elektrischen, wie wir sagten, alle Stationen zweisprachig ausrufen, zuerst deutsch und dann tschechisch. Brückel – Mustek. Wenzelsplatz – Vaclavske Namesti. Und schließlich: Museum – Museum. Auf diese Station warteten wir gespannt, um dann jedesmal in Kichern auszubrechen. Als einmal mein damals dreizehnjähriger Bruder Jakob in Pimpfenuniform, mit einer Landsknechttrommel, die fast so groß war wie er, die Elektrische betreten wollte, schickte ihn der Schaffner ungerührt auf die hintere Plattform, mit der Aufforderung: „Hinten einsteigen, pane Hitler".

Als deutschsprachige Prager Kinder konnten meine Geschwister und ich Tschechisch (was bei uns Böhmisch hieß) schlecht, aber flüssig und halbwegs akzentfrei. Gegenüber meinen zugereisten Schulkolleginnen aus dem Altreich machte ich mich mit meinen Kenntnissen wichtig. Die Brüder kultivierten mit Genuss einen breiten Prager Vorstadtslang. Wenn uns jemand als „Sudetendeutsche" bezeichnete, wiesen wir das empört zurück. Nein, wir waren keine Sudetendeutschen (die wir nicht mochten), sondern Prager.

Die Deutschböhmen hatten beim Einmarsch der Deutschen in die Tschechoslowakei die Wahl gehabt, sich als Deutsche oder als Tschechen zu deklarieren. Er sei weder das eine noch das andere, hatte mein Vater damals gemeint, er sei, in den Worten des Aufklärungsphilosphen Bernard Bolzano, „ein Böhme deutscher Zunge". Und als alter Herr in Österreich pflegte er zu sagen, er gehöre einer ausgestorbenen species an, dem „homo bohemicus extinctus".

Das Frühjahr 1945, in dem ungewöhnlich schönes und strahlendes Wetter herrschte, habe ich in wahrscheinlich nostalgischer Verklärung als kostbare und besondere Zeit in Erinnerung. Ich glaube mich in jenen Tagen auf der Moldaubrücke stehen zu sehen, die damals Smetanabrücke hieß und heute wieder Brücke der Legionen heißt, und hinüberzuschauen auf das berühmte Panorama von Hradschin, Kleinseite und Karlsbrücke. Der Flieder, weiß und violett, stand in voller Blüte. Und ich glaube mich zu mir selber sagen zu hören: Schau gut hin, präg dir das gut ein. So etwas Schönes wirst du nie, nie, nie wieder zu sehen kriegen.

Am 5. Mai, während sich die Armeen der Alliierten der Stadt näherten, brach der Prager Aufstand aus. Die bei der Protektoratsverwaltung und den Nazi-Dienststellen beschäftigten Deutschen aus dem Altreich hatten in richtiger Einschätzung dessen, was kommen sollte, rechtzeitig die Stadt verlassen. Meine naiven Eltern waren geblieben. Wir haben vor Hitler hier gelebt, sagten sie sich und uns, wir werden auch nach Hitler hier leben. Es kam bekanntlich anders. Nach sechsjähriger Besatzung kochte der Volkszorn über und ergoss sich über die verhassten Deutschen.

Wir wurden von Mitgliedern des Nationalausschusses mit den anderen Deutschen unseres Viertels aus dem Haus geholt und in eine nahe Straßenbahnremise eingesperrt. Gepäck und Essen hatten wir nicht mitgenommen, weil wir dachten, wir kämen bald wieder nachhause. Aber inzwischen tobte außerhalb unserer Remise die außer Rand und Band geratene Menge. Es gab Mord und Totschlag. Schlimm zugerichtete Verletzte wurden hereingetragen. Wir brennen die Bude nieder, hörten wir rufen. Wir saßen zusammengekauert auf dem Betonboden und warteten, ohne recht zu wissen worauf. Am 8. Mai hieß es plötzlich, die Führer des Aufstands hätten mit den Deutschen freien Abzug für die deutschen Truppen vereinbart. Wer wolle, könne sich ihnen anschließen. Wir wollten.

In einer warmen Nacht traten wir vor das Gebäude und sahen in langem Zug deutsche Soldaten mit und ohne Fahrzeuge vorbeiziehen, hinter ihnen kolonnenweise Zivilisten. Feindesland?, fiel mir ein. Warum müssen wir jetzt eigentlich weg, fragte ich meinen Vater. Seine Antwort, philosophisch wie immer, lautete: Das ist der Lauf der Geschichte. Durch die Geschichte sind wir in dieses Land hereingekommen und durch die Geschichte müssen wir auch wieder hinaus.

Einige Wochen später, nach einem langen Fußmarsch durch Böhmen, einem Aufenthalt in einem amerikanischen Flüchtlingslager und einem weiteren Fußmarsch durch Bayern standen wir eines Tages bei Freilassing an der österreichischen Grenze. Ein baumlanger schwarzer US-Soldat bewachte sie. Wir wollen nach Österreich, sagten wir ihm. Der GI grinste freundlich, bewegte einen riesigen schwarzen Daumen Richtung Salzburg und sagte: good luck. Eine Minute später waren wir in Österreich. Und ein Jahr später waren wir dankbare österreichische Staatsbürger.

Und die Wurzeln? Ich hatte sie nicht vergessen. Immer wieder träumte ich von Prag. Immer wieder ging ich suchend durch die Straßen. Der Traum kehrte in Varianten wieder, manchmal angereichert mit Elementen von anderen Städten, die ich liebte, wie Venedig und Jerusalem. Sobald es ging, reiste ich wieder nach Böhmen. Mein jüngster Bruder, damals ein spindeldünner Kunststudent ohne Geld, fuhr in das südböhmische Dorf, wo wir früher bei unseren Großeltern die Ferien verbracht hatten, und wurde dort von den Kutschersleuten verwöhnt. Wenn er zurückkam, brachte er von der Kutschersfrau gebackene Powidlbuchteln mit.

Als im August 1968 die Russen in Prag einmarschierten und viele Tschechen vom Sommerurlaub in Jugoslawien nicht mehr zurückkehren wollten und in Wien hängenblieben, nächtigten etliche auf meinem Wohnzimmersofa. Und als 1989 das kommunistische Regime fiel, stand ich auf dem Wenzelsplatz und sah staunend zu, wie sich das Wenzelsdenkmal von Tag zu Tag mehr in eine Mischung aus Wallfahrtsaltar und Popkunstwerk verwandelte, übersät mit Blumen und Kerzen und Plakaten und Bildern von Vaclav Havel. Auf der Lanze des Heiligen wehte ein Banner mit der Aufschrift „Freie Wahlen".

Aber ich war noch nicht fertig mit meiner Heimatstadt. Eine Rechnung war noch offen. Eine Frage war noch nicht beantwortet. Kurz nach der Wende eröffnete der ORF ein Korrespondentenbüro in der tschechoslowakischen Hauptstadt und bot mir dessen Leitung an. Plötzlich lebte ich wieder in Prag, in einer möblierten Wohnung am Masarykufer, das in den Nazijahren Reinhard Heydrich-Ufer geheißen hatte. Jetzt konnte ich endlich nach Herzenslust strabanzen. Ich lernte nun wirklich alle Gässchen und Winkel kennen. Ich stieg auf den Laurenziberg hinauf zum Strahover Kloster und schaute hinunter auf die Stadt. Wieder blühte der Flieder. Und ich fragte mich: Ist das nun ein Arbeitsaufenthalt oder eine Heimkehr?

Mit meiner Freundin Vera, der Ärztin – einer von denen, die 1968 in Wien gewesen waren, und die sich dann doch zum Zurückfahren entschlossen hatte –, baute ich Luftschlösser. Vielleicht für später eine kleine Wohnung in Prag nehmen, vielleicht auf der Moldauinsel Kampa, oder ein Zimmer? Eine permanente Adresse, ein Absteigquartier, sodass ich auch in Zukunft zwischen Prag und Wien pendeln könnte? Warum nicht zwei Heimatländer haben und Wurzeln in zwei Städten? Warum nicht eine Art doppelte Identität? Manchmal rief Vera an und sagte: Ich habe etwas für dich gesehen, in einem alten Haus, genau das Richtige. Aber ich ahnte schon: Daraus wird nichts.

Denn inzwischen hatte ich gelernt, Prag mit tschechischen Augen zu sehen. Vera und andere Freunde erzählten von ihrer Kindheit in der Protektoratszeit. Die „Heydriachiade", die Terrorwelle gegen tschechische Patrioten nach dem Attentat auf den Reichsprotektor Reinhard Heydrich, hatte ich ahnungslos und aus sicherer Entfernung erlebt. Für meine Gesprächspartner war sie erlebter Schrecken, Verhaftungen und Hinrichtungen im engsten Familien- und Freundeskreis. Nach solchen Gesprächen sahen wir uns an und sagten: Wir sind in derselben Stadt aufgewachsen, aber wir hätten genauso gut auf verschiedenen Kontinenten leben können.

Ich erzählte von der Vertreibung der Deutschen. Davon wussten wiederum die anderen herzlich wenig. Meine Mitarbeiterin Eva sagte: Jetzt erst, weil ich dich kenne, habe ich ein Buch gelesen und erfahren, dass drei Millionen Leute vertrieben wurden. Ich hatte immer gedacht, das waren nur ein paar Nazis, die sowieso heim ins Reich wollten. Wenn ich Fremde kennenlernte, wurde ich oft gefragt: Ah, Sie leben in Wien? 48er-Emigrantin? 45er, sagte ich dann. Und Emigrantin ist nicht ganz das richtige Wort. Darauf folgte meist eine etwas peinliche Pause und man sprach schnell von etwas anderem.

Meine tschechischen Bekannten hatten auch andere Lieblingsplätze in der Stadt als ich. Die meisten mochten das Barock nicht sonderlich, es war „fremd", habsburgisch und katholisch. Sie liebten die gotischen Gebäude, besonders aber die Prachtbauten aus der Zeit der „tschechischen Erneuerung" um die Jahrhundertwende, den Jugendstil, der hier Secession hieß, und die kubistischen Bauwerke der Prager Moderne aus den Zwanzigerjahren.

Und am meisten liebten sie die Landschaft und die Dörfer Böhmens, in denen die meisten noch von den Großeltern her verwurzelt waren und wo viele ein Häuschen hatten. Um Weihnachten gab es überall eine zabijacka, ein festliches Schweineschlachten, wichtiges Event auch für die Städter. Auch unser Kameraassistent Olda, Prager Vorstadtjunge durch und durch, besaß irgendwo auf dem Land zwei Mastschweine namens Alois und Gustav, benannt nach den zwei wichtigsten Politikern der KP-Ära. Im tiefsten Seelengrund sind die meisten Prager Dörfler geblieben.

In meiner deutschsprachigen Familie wurde die tschechische Sprache geschätzt, aber mit jener leicht humorigen Herablassung, die auch für die Österreicher charakteristisch ist. Wenn jemand böhmakelt, ist das in Wien ein sicherer Lacherfolg. Auch ich musste schmunzeln, als ich im Theater zum ersten Mal einen Shakespeare auf Tschechisch hörte. Ich wurde nachdenklich, als mir meine Tschechischlehrerin Miluska das schöne Buch von Pavel Eisner „Chram i Twrz" (Dom und Burg) brachte, eine Art Liebeserklärung an die tschechische Sprache. Nein, diese Sprache war nicht vom Hofzwerg Krschisch erfunden worden, um einen schwermütigen Erzherzog von der Melancholie zu heilen, sondern mühsam erkämpft und erneuert und gegen das übermächtige Deutsch durchgesetzt.

Als ich anfang der Neunzigerjahre zum zweiten Mal in meinem Leben in Prag lebte, begann in der tschechischen intellektuellen Öffentlichkeit eher zögernd die Diskussion um die Vertreibung der Deutschen, ein Thema, das vierzig Jahre lang tabu gewesen war. Junge Historiker veröffentlichten erste Studien über Todesopfer und Grausamkeiten. Wissenschaftler und Studenten suchten den Dialog. Im ehemaligen Sudetenland gab es erste Ausstellungen über die Kultur der Deutschen, die einmal dort gelebt hatten. Man schrieb und redete über Geschichtsaufarbeitung, Vergangenheitsbewältigung, historische Wahrheit.

Das Thema kam auch bei einem geselligen Abend im Hause von Bekannten auf, an dem Journalisten, Intellektuelle und Politiker teilnahmen. Der allgemeine Konsens ging dahin, die leidige Frage werde sich erledigen, wenn die Tschechische Republik einmal der Europäischen Union angehören würde. Dann würde jeder, der das wollte, inklusive der Deutschen, sich frei im Lande ansiedeln können.

Ich wurde plötzlich wütend. Versteht ihr denn nicht, sagte ich der etwas verblüfften Gesellschaft, ich will mich nicht als Ausländerin hier ansiedeln. Ich bin keine Fremde. Ich bin auch jetzt keine Touristin. Ich bin von hier! Ich bin hier geboren! Ich will nichts zurückhaben, von mir aus könnt ihr unsere Sachen gerne behalten. Aber ich will auf meine alten Tage auf einem Bankerl auf dem Petrin, der in meiner Kindheit Laurenziberg hieß, sitzen dürfen und auf die Stadt hinunterschauen und sagen können: Das ist meine Stadt. Ich will hier zuhause sein, genauso wie ihr. Versteht ihr das nicht?

Nein, sie verstanden mich nicht. Einen Augenblick lang war es still. Dann setzte sich ein freundlicher Gast zu mir und sagte: Für Sie baue ich eigenhändig ein Bankerl auf dem Petrin. Es war nett gemeint, aber nicht das, was ich hören wollte. Als ich spätabends über die Brücke der Legionen zu meiner temporären Wohnung am Moldauufer nach Hause fuhr, wusste ich, dass es für mich keine Heimkehr nach Prag geben konnte. Besuche ja. Aber Heimkehr? Nein. Die Zeit, als Prag eine tschechische u n d deutsche – heute würde man sagen: eine bikulturelle – Stadt war, das wurde mir plötzlich klar, ist endgültig vorbei. Was vergangen ist, kann man nicht wiederbeleben. Der Lauf der Geschichte lässt sich nicht umkehren. Die Deutschen gehen niemandem ab, auch nicht den Gutwilligen. Und die übrig gebliebenen deutschsprachigen Prager sind, wenn sie kommen, nichts anderes als deutsche oder österreichische Touristen.

Als mein Korrespondentenvertrag auslief, fuhr ich nach Wien zurück, ohne mich um einen Zweitwohnsitz in Prag bemüht zu haben. Ich wusste: Wien ist meine Stadt. Ich lebe gern in Österreich. Die Berge mag ich noch immer nicht besonders, aber die weidenden Kühe auf den Wiesen habe ich inzwischen ganz gern. Ich komme noch manchmal nach Prag, besonders dann, wenn auf dem Laurenziberg der Flieder blüht. Ich habe immer noch Freunde in der Stadt. Aber der Traum, in dem ich suchend und sehnsüchtig durch die Gassen meiner Heimatstadt gehe, ist nicht mehr wiedergekommen.

Von Hydrokulturen und Blähton

von Hikmet Kayahan

> „Leise lauschen wir zusammen:
> Meine Mutter träumt mich wieder,
> und sie trifft, wie alte Lieder,
> meines Wesens Dur und Moll."
> Ingeborg Bachmann

Früh lernte ich die Kunst des Lauschens. Und auch wenn sich mir der Sinn des Erlauschten nicht immer gleich erschloss: Es war einfach schön. Oder auch nicht: Eine meiner ersten Belauschungen war das Weinen meiner Mutter. Sie saß in irgendeinem dunklen Raum und weinte leise vor sich hin. Als ich sie viele Jahre später nach dieser Kindheitserinnerung befragte, zuckte sie nur mit den Schultern. „Ich habe schon so oft geweint", sagte sie völlig unbeteiligt, „wie soll ich mich erinnern."

Aber ich kann mich noch sehr gut erinnern. Ich glaube es zumindest. Oder ich bilde es mir ein. Ich erinnere mich an die ungezählten Nachmittage, an denen ich am großen Küchenfenster saß und in den norddeutschen Schnee hinaus schaute. Sie kochte oder putzte und sang dabei leise vor sich hin. Sonderbare Lieder waren das. Ich verstand die Worte nicht, aber die Melodien prägten sich mir tief ein. Diese Lieder ähnelten nicht denen, die ich in der Schule lernte. Dort lernte ich „Meister Jakob", „Hoch auf dem gelben Wagen" oder „Leise rieselt der Schnee". Sie aber sang vom Flug der Adler, von grünen Tälern, vom Blau eines fremden Meeres. Nein, ich hatte keine Ahnung. Aber ich lauschte. Und wie wenn ich schon damals ahnte, dass all das Belauschte eines Tages immens wichtig sein würde, sammelte ich alles in große dunkle Truhen. Und heute zerre ich alles Belauschte heraus und versuche – zu verstehen.

Wie ein Puzzle setze ich die Fetzen zusammen. Und je mehr das Ganze ein einheitliches Bild ergibt, desto hybrider komme ich mir vor. Ein künstliches Etwas. Eine Konstruktion. Aber die Zeiten, in denen ich darüber verzweifelte, sind Allah sei Dank vorüber. Es betrübt mich nicht mehr, dass ich nicht blond bin wie meine Klassenkameraden. Ich liege nicht mehr Nacht für Nacht und flehe um blaue Augen. Ich weiß nun auch, warum wir kein Schweinefleisch essen. Ich wünsche mir auch nicht mehr Peter, Volker oder Markus zu heißen. Nein, einiges habe ich überwunden. Wie man so schön sagt.

Ich sitze nun viel lieber vor alten Fotos, Briefen und Dokumenten; studiere alte Karten; treibe meine Buchhändlerin zur Verzweiflung, indem ich Bücher bestelle, die aufzutreiben zu einem Abenteuer ausartet; ich öffne die alten Truhen meiner Kindheit; lausche wieder den alten Liedern; quäle alte Tanten und Onkel, indem ich sie mit Fragen überschütte und versuche an ihre geheimsten Erinnerungen heranzukommen; ich surfe nächtelang in den unendlichen Weiten des cyberspace, immer auf der Suche nach einem neuen Teilchen des Puzzles; ich zeichne Stammbäume, in denen ich mich selbst immer weniger auskenne. Ich betreibe Spurensuche. „Hast du nichts Besseres zu tun?", fragt mich meine Schwester und schüttelt den Kopf.

Nein, ich habe nichts Besseres zu tun. Und es geht auch nicht so sehr um die Familiengeschichte. Es geht eigentlich nur um mich selbst. Egoismus pur. Es geht nur um die Syntax meines Lebens:

Ich bin ein Türke tscherkessischer Abstammung mit Sozialisation in Norddeutschland und Lebensmittelpunkt in Wien.

In diesem einen Satz kristallisieren sich alle Beistriche meines Lebens, alle schlaflosen Nächte, jede Träne und jedes Lachen. Ich bin kein Chronist, nein. Eher ein Grammatiker, der die einzelnen Elemente seiner Syntax zu bestimmen sucht. Um durch diese Einzelbestimmungen zu einer Standortbestimmung zu gelangen. Um zu mir zu kommen. Ein bisschen auch um nachhause zu kommen.

Und vor allem: um zu begreifen, warum das *Kommen* so wichtig ist in meinem Leben.

Denn immer kam ich irgendwo an. Ich kam nach Deutschland und wurde zu einem Gastarbeiterkind. Wie einen schweren Mantel trug ich diese Zuschreibung mit mir herum. Anders, nicht so wie die anderen zu sein, ohne zu wissen, warum man anders ist, kann einem Kind das Leben ziemlich schwer machen. Der Zorn, die Wut manifestieren sich nicht in Fragen, sondern in Ausbrüchen.

Meine Kindheit war ein einziger Ausbruch. Gegen jeden, gegen alles. Wild nannten meine Lehrer mich. Verzogen und undankbar mein Vater. Meine Mutter weinte nur. Und ich wütete einfach vor mich hin. In der Schule kehrte ich den Türken heraus, zuhause den Deutschen. Oder: Ich tat so als ob. Denn was wusste ich schon vom Deutschsein, vom Türkesein? Nichts. Meine kindliche Verzweiflung kannte noch keine anderen Ausdrucksformen als die Wut, den Hass. Ich hasste sie alle: meine Eltern, die doofe Türken waren, meine Lehrer und Schulkameraden, weil sie doofe Deutsche waren. Und ich war der einsame verlassene Stern, den niemand verstand!

Und schon bald wurde aus dem Selbstmitleid Arroganz. Was die können, kann ich schon lange, sagte ich mir. Besser als sie. Sie, die Deutschen, die Blonden mit den blauen Augen. Sie, die Türken, die Schwarzköpfe, die kein Deutsch können. Ich schwang mich auf mein Anderssein und trieb es voran, immer schneller, immer höher. Ich hatte mich wieder auf den Weg gemacht und wusste, wo ich ankommen wollte: Ich wollte diesen stinkenden Gastarbeiterkind-Mantel ablegen, ihn verbrennen und die Asche vergraben. Ein fremder Stern wollte ich sein; leuchtend und fern, unerreichbar. Nur bewohnt von mir selbst. Und um mich herum meine Satelliten, die Deutschen und die Türken, Schwarz und Weiß, Gut und Böse. Ich wollte nichts von alledem sein. Ich wollte nur ich sein.

Und dann kam eines Tages keine Erleuchtung über mich. Nein,

so einfach wird es einem wirklich nicht gemacht. Deus ex machina. Die Stimme, die mir erklärt, was Sache ist. Viele Jahre musste ich noch irren, mich zerreißen lassen. Und als es dann auch noch Mode wurde, über die zweite Generation zu sprechen, über die verlorenen Kinder der Gastarbeiter, wusste ich, wie schlimm es um mich stand. Ich war verloren. Ich saß zwischen zwei Stühlen. Ich war hin und her gerissen zwischen der türkischen Kultur meiner Eltern und der deutschen Kultur meiner Umwelt. Und in all den Büchern konnte ich lesen, dass ich eigentlich die Synthese beider Kulturen war. Bei Allah, was für ein Wort, was für ein Bild: Synthese!

Dummerweise merkte ich nicht viel von dieser Synthese. Also machte ich mich wieder auf den Weg, um wieder irgendwo anzukommen. Ich ging zu den JUSOS, um mich politisch zu engagieren. Gleichzeitig meldete ich mich bei der Islamischen Union für einen Koran-Kurs an. Mit einer griechischen Schulfreundin gründeten wir eine Arbeitsgruppe und versuchten herauszufinden, ob unsere Lehrer rassistisch waren. Mit 14 war ich Schulsprecher und stolz darauf, es als Türke so weit gebracht zu haben; mit 14 wurde ich Pressesprecher der Islamischen Union und war stolz darauf; mit 14 hatte ich meine erste deutsche Freundin und war stolz darauf; mit 14 war ich auf meiner ersten Demonstration und ballte meine Fäuste gegen die sowjetische Besetzung Afghanistans; mit 14 bekam ich in Deutsch meine erste Fünf, weil ich mich weigerte „Deutschland, ein Wintermärchen" zu lesen; mit 14 versuchte ich zum ersten Mal Marx zu lesen, als mein Bruder in den Iran gefahren war, um Khomeini zu bejubeln; als ich 14 war, beschmierte man unser Haus das erste Mal mit Hakenkreuzen; mit 14 probierte ich heimlich Schweinefleisch.

Mit 14 war ich so unendlich unglücklich, weil ich langsam begriff, dass ich mich immer nur hin und her wälzte, ohne irgendwo anzukommen, ohne irgendwo dazu zu gehören; mit 14 schickte ich die Synthese in die Wüste und verkroch mich in die Welten meiner Bücher. Ich beschloss ein Türke in Deutschland zu sein. Einfach nur zu sein.

Zu meinem 15. Geburtstag waren wir gerade in der Türkei, machten Urlaub von Deutschland. Wir besuchten die Tante meines Vaters. Eine uralte, mächtige Frau. Auch hier überkam mich noch nicht die Erleuchtung, aber ein großes Fragezeichen bohrte sich in meinen verwirrten Geist, denn diese Frau, eine Verwandte von mir, sprach kein Türkisch! Mein Vater musste übersetzen, sie sprach nur Tscherkessisch. Es traf mich wie ein Donner: Eigentlich waren wir gar keine Türken, sondern Tscherkessen! Hatte ich bisher immer gegen das Türkesein und gegen das Deutschsein rebelliert, hatte ich bisher immer versucht – mehr schlecht als recht – mich zwischen diesen Polen zu positionieren, kam nun eine absolut unbekannte Größe ins Spiel.

In diesem Sommer brachen alle meine Konstruktionen zusammen. Mein Selbstverständnis geriet ins Wanken. Ich war doch nicht das, was ich glaubte zu sein, nämlich ein Türke in Deutschland. Vielmehr war ich eigentlich ein Tscherkesse aus der Türkei in Deutschland. Es wurde alles immer komplizierter.

Zurück in Deutschland begann die spannendste Reise meines Lebens: die Spurensuche, die noch immer nicht abgeschlossen ist. Ich merkte nun, dass ich immer versucht hatte zu entsprechen. Meine Eltern wollten, dass ich eine türkische Identität haben sollte, also gab ich mich deutsch; meine deutsche Umwelt wollte, dass ich mich ihnen anpasse, also versuchte ich so türkisch wie möglich zusein. Ohne eine Ahnung zu haben, was einen guten Türken ausmacht, was einen richtigen Deutschen ausmacht. Und in Wirklichkeit war ich Tscherkesse!

Ich begriff den Sinn des Wortes Assimilation. Ich kam aus einer tscherkessischen Familie, die sich der türkischen Kultur angepasst hatte. Ich erkannte, dass es nicht nur Schwarz und Weiß, Deutsch und Türkisch gab; es gab auch Grauzonen. Ich glaube, in diesen Jahren begann ich mich langsam von den oktroyierten Identitäten zu emanzipieren, indem ich lernte, was Identitäten sind oder sein können. Je mehr ich über die Tscherkessen erfuhr, über die Geschichte meiner eigenen Familie, desto sicherer wurde ich mir meiner eigenen, persönlichen Identität. Jetzt erst kam die Erkenntnis: Eigentlich hatte ich mich bisher nur abgestrampelt, um ein Stück Heimat zu ergattern. Indem ich erkannte, dass meine ganze Existenz auf einer immer währenden Migration beruht, wusste ich auch, dass nur ich mir selbst Heimat sein konnte. In Wahrheit musste ich in mir selbst ankommen. Ein Leben als stätiger Aufbruch:

1868 war meine Familie aufgebrochen und hatte den Kaukasus verlassen. Nicht freiwillig, nein, das nicht. Die Armee des Zaren vertrieb fast 80% der Tscherkessen (und noch einige andere Ethnien) aus ihrem Lebensraum im Kaukasus. Seit Bosnien haben wir ein gängiges Wort für so etwas: ethnische Säuberung! Das Osmanische Reich nahm die moslemischen Flüchtlinge auf, und die bedankten sich, indem sie sich brav assimilierten. So wurde meine tscherkessische Familie zu einer türkischen.

Hundert Jahre später war meine Familie aufgebrochen und hatte die Türkei verlassen. Nicht freiwillig, nein, das nicht. Die Armut trieb meinen Vater nach Deutschland, um seinen Kindern „ein besseres Leben zu ermöglichen".

1983 brach ich nach Istanbul auf und verließ Deutschland, weil mich die Unruhe gepackt hatte. In meiner jugendlichen Romantik wollte ich erfahren, *mehr erfahren*, wollte meine Wurzeln studieren, alle. Und eigentlich wollte ich auch weiter in den Kaukasus, aber daraus wurde bisher leider noch nichts.

1989 brach ich auf den Spuren von Georg Trakl und Ingeborg Bachmann nach Österreich auf und verließ Istanbul. Ich wusste bereits, dass es eigentlich egal war, wo ich mich befand; meine Heimat trug ich immer mit mir herum.

2001, 133 Jahre nach dem ersten Aufbruch meiner Gene aus dem Kaukasus, sitze ich in Wien und weiß, das ich in dieser Stadt alt werde. Wien ist nicht meine Heimat, aber ich fühle mich hier zuhause.

Die Diskussion um Identität verweigere ich; ich könnte mich höchstens erweichen lassen über Identitäten zu sprechen. Meine

Wurzeln graben sich nicht tief in irgendeinen Boden. Ich bin eine Hydrokultur, mein Topf, den ich immer mit mir herumtrage, ist angefüllt mit unterschiedlichstem Blähton, den ich von Zeit zu Zeit auswechsle.

Ich fühle mich nicht als Österreicher. Ich wüsste gar nicht, wie ich mich da fühlen müsste; wie es ist ein Österreicher zu sein. Die Bruchlinien verlaufen viel zu filigran, als dass es möglich wäre, eindeutige Zuordnungen zu machen. Wozu auch? Meine ganze Kindheit und Jugend habe ich um Zuordungen gekämpft. Heute kämpfe ich gegen sie.

Es geht immer nur um Entscheidungen: Ich habe mich entschieden in Wien zu leben. Weil ich diese Stadt liebe und sie mir ein Umfeld gibt so zu sein, wie ich bin: ein Türke tscherkessischer Abstammung mit Sozialisation in Norddeutschland und Lebensmittelpunkt in Wien. Eine hybride Hydrokultur. Sonderbarer- (oder bezeichnender-)weise sehe ich um mich herum lauter solche Hydrokulturen.

Nicht, dass es mich nicht erschreckt, wenn da manche Herren ganze Wohnbezirke von Ausländern säubern wollen (Stichwort ethnische Säuberungen!), aber dann liebe ich dieses Land doch viel zu sehr, um es solchen Herren zu überlassen, diesen fleißigen und ordentlichen. Ihnen gegenüber schwillt meine Brust voller Stolz: Ja, ich bin Österreicher, und? Muss ich jetzt meinen Namen in Oberhuber ändern? Und ich zerre sie in Diskussionen, in denen sie mir erklären müssen, was es heißt ein Österreicher zu sein, wie es ist zum „abendländisch-österreichischen Kulturkreis" zu gehören. Ihre Unfähigkeit bestärkt mich nur, mich zu Österreich zu bekennen.

Meine genetischen Wurzeln liegen in den Tälern des Kaukasus, aber meine Nase steckt im Wiener Fliederduft; meine Finger spielen mit den Wellen des Bosporus; mein Geist streift immer wieder durch die eisigen Winter Norddeutschlands; mein Herz fällt tief in die Verse von Bachmann und Thomas Bernhard schafft es immer wieder mich gegen Wände zu schleudern.

Ich bin keine schwimmende Insel. Ich bin fester Boden, auf dem der Topf steht, in dem die Hydrokultur Ich in der Wiener Luft wächst und gedeiht. Meine Äste recken sich den Sternen entgegen, und eines Tages wird es mir gelingen, etwas von dem Sternenstaub, der auch auf Österreich niederfällt, von meinen Blättern zu kratzen und denen zu reichen, die sich tief in ihren heimatlichen Boden vergraben haben und nicht merken, dass ihre Wurzeln langsam, aber sicher verfaulen.

In der Zwischenzeit werde ich mich weiter an die Lieder meiner Mutter erinnern und versuchen Tscherkessisch zu lernen. Um ein noch besserer Österreicher zu werden!

Die Zweiteilung der Welt

VON PETER PAKESCH

Ich wurde in Graz geboren, meine Mutter auch. Mein Vater kam aus Wien. Sein Vater auch, dessen Vater ebenfalls, dessen Vater wiederum kam aus Mähren, ebenso dessen Frau und dessen Schwiegertochter. Die Mutter meines Vaters wurde im kleinen Walsertal geboren. Ihre gesamte Familie stammte von dort. Meine Großmutter mütterlicherseits stammte aus Graz, ihr Vater aus Bayern, ihre Mutter aus der Untersteiermark, dem heutigen Slowenien. Deren Eltern zu einem Teil ebenso von dort, zum anderen Teil aus Böhmen. Ebenso aus Böhmen stammte die Familie der Mutter meines Großvaters, die seines Vaters war bereits mehrere Generationen in Wien ansässig.

Wir sprechen von den Pakeš, den Kaans, den Seelenmayers, den Crailsheims, den Codellas, den Nechutas und anderen. Sie waren Handwerker und Beamte, Bauern und Militärs, Unternehmer und Musiker, sie waren alle Bürger eines großen Kulturraums, in dem auch verschiedene Sprachen gesprochen wurden.

Darüber lag für mich ein merkwürdiger Schleier. Unsere Variante des Eisernen Vorhangs ließ früh, in der Jugend, ein eigentümlich fahles Bild dieses Terrains entstehen. Alles immer nur Fragmente, die nicht zusammenpassen wollten. Ein Teil der Verwandtschaft hatte sich ein Märchenland aus dem 19. Jahrhundert destilliert. Besuche dort glichen Zeitreisen. Die große alte Zeit der Monarchie mit den orientalischen Bildern an der Wand, bestimmte Gerüche, alles wuchs zu einem Territorium zusammen, das Geschichte in eine andere Realität verwies, aus ihr ein sagenumwobenes Reich machte. Im Kontrast reduzierten Berichte des Vaters, nachdem er von gelegentlichen Reisen aus Budapest oder Prag zurückkehrte, die Wirklichkeit dort und unseren Bezug dazu zu Floskeln des Kalten Krieges. Die vergangene Welt und deren

Größe wich einer allgemeinen Sprachlosigkeit. Die inhärenten Widersprüche waren zu groß. Fragmente wurden daraus, die in unserem Alltag nicht mehr wirklich Platz hatten. Das Ungarisch einer Tante hatte nichts mehr mit der Sprache eines Landes zu tun, das nicht so weit entfernt hinter dem Eisernen Vorhang lag. Sie war aber sehr wohl Bestandteil einer Welt, die zwischen schweren dunklen Möbeln, Teppichen, alten Bildern und schrulligen Menschen stattfand. Als ich herausfand, dass manche von ihnen normalen Berufen nachgingen, nach den Wochenenden in Kanzleien und wissenschaftliche Institute gingen, um zu arbeiten, war mein Erstaunen noch größer.

Der Eiserne Vorhang hatte mir den Bezug zu der Welt geraubt, aus der all diese Verwandten kamen. Zwei Welten waren entstanden und ich hatte in meiner bewegten kindlichen Phantasie alle Hände voll damit zu tun, das Schreckgespenst des Kommunismus, das so etwas abgründig Böses sein musste, daran zu hindern in meine Welt einzudringen. So wurde manches der Traumwelt zugeschlagen, manches der schrecklichen Wirklichkeit jenseits des Stacheldrahts, die zu einem großen, flächendeckenden, ewig grauen Konzentrationslager wurde. Die eigentlichen Konzentrationslager und dieser Teil der Geschichte blieben merkwürdig ausgespart, und die Leerstellen wurden mit antikommunistischen Bedrohungsbildern aufgefüllt. Diese Bedrohung übertrug sich auf meine Phantasie.

Die Zweiteilung dieser Welt verstärkte sich anlässlich der Urlaube in Jugoslawien. Diese konnten leicht im Märchenreich untergebracht werden. Es waren Exkursionen in eine andere Welt, im Gegensatz zu den Reisen ins norditalienisch-adriatische Ferienparadies, einen Landstrich, der in seiner billigen Pracht und dem ungeahnten Angebot an buntem Spielzeug viel mehr dem modernen Leben und damit der gesuchten Wirklichkeit entsprach. Die Exkursionen in die andere Welt ließen mich die Menschen wie hinter Milchglasscheiben erleben. Die Verwandten, die nach einem der beiden Kriege von dort kamen und nicht mehr zurück konnten oder wollten, begegneten diesen Reisen mit Unverständnis, als hätten sie die Existenz dieses Teils der Welt gestrichen und auf Inseln der Erinnerung verbannt.

So eine Insel besuchte ich immer wieder bei einer Tante, die für meine Mutter Kleider und für uns Kinder Faschingskostüme nähte. Sie wohnte im Hinterhaus, oberhalb eines Gewürzlagers. Der Akzent ihrer Sprache hatte sich bei mir ganz stark mit den intensiven Gerüchen verbunden. Eine Verbindung, die sich später immer wieder auf den Reisen in den Osten und Südosten einstellen sollte. Die intensive Wahrnehmung des Geruchs trug zur Distanz bei, er gehörte einer phantastischen und irrealen Welt an, die für immer verloren schien. So galten auch die, die an ihr festhielten, als Relikte und wurden abgeschrieben. Meine Großmutter, die in solchen Dingen gerne den Ton angab, verachtete jegliche Sentimentalität und betrachtete das als Befreiung. So kam bei ihr auch kein Revanchismus auf. Die Geschichten von Verlust und Wiederaufbau wurden aufgeblasen und zum eigenen Heldenleben umstilisiert. Dadurch war auch der ererbte Status überwunden und die Selbstverwirklichung wurde so viel klarer. Die Katastrophen des Jahrhunderts sollten auf diese Weise zu Vehikeln der eigenen Emanzipation umgedeutet werden. Die, die diese Lehre nicht verstanden, waren für sie nicht mehr von unserer Zeit. Von Vorteil war, dass diese Haltung Ressentiments genauso wenig Platz ließ wie der Sentimentalität. Erst spät im Alter sollte sich das bei ihr wieder umkehren und die Welt ihrer Jugend sich, in eigenartiger Symmetrie, wieder einstellen, ganz so, als hätte es das Zwanzigste Jahrhundert nicht gegeben.

So ein Gefühl prägte dann auch ein Erlebnis, das mich in meiner frühen Jugend enorm beeindruckte. Es war, als die Großeltern, bei einem Empfang, sich in Kameraderie mit Jugoslawiens Präsidenten Tito übten. Der Anlass war dessen erster Staatsbesuch in Österreich. Mein Großvater, damals Landtagspräsident in der Steiermark, war stolz herausgefunden zu haben, dass sie beide in der Armee der Monarchie denselben Fechtlehrer gehabt hatten.

Die Tatsache, dass und wie sich die beiden dann im zweiten Krieg gegenüberstanden, blieb natürlich ausgeklammert. Ein marginales Detail sollte die Bewältigung der ganzen Vergangenheit ersetzen. Das hatte natürlich Methode. Vieles war verdrängt worden. Dass der Familienname früh assimiliertem Judentum zu danken war, wurde schon lange zuvor durch die herzliche Umarmung des Deutschnationalen kompensiert.

Ungefähr zur Zeit des Tito-Besuchs erfuhr die Familie von einer entfernten Verwandten, die über Jahre unter schwierigen Bedingungen in Zagreb überlebt hatte. Ich wurde, halbwüchsig und sehr stark mit mir beschäftigt, auf meine erste selbstständige Auslandsreise, gleichsam als Kundschafter, zu ihr geschickt. Dort angekommen war ich unfähig, mit der für mich gänzlich ungewöhnlichen Situation umzugehen. Ich schockierte diese Frau durch meine demonstrative Zugehörigkeit zu einer anderen Zivilisation. Diesmal sollte ich mich wieder hinter der Milchglasscheibe bewegen.

Meine Wiederannäherung brauchte noch viel Zeit und weite Ausflüge in die andere Richtung, nämlich nach Westen, nach Deutschland, nach Frankreich, nach England und schließlich nach Amerika. Sie geschah über manche Umwege und wurde dann sehr produktiv. Mit Verwandtschaft hatte das allerdings nichts zu tun. Die Brüche, die in dem Jahrhundert verursacht und nie bewältigt wurden, standen dagegen. Und trotzdem gab es immer wieder dieses Gefühl, das mich 1985 in Budapest auf der Straße überkam. Obwohl ganz neu an diesem Ort, des Ungarischen natürlich nicht mächtig, fühlte ich mich mehr zu Hause als an jedem Ort deutscher Zunge und Nation weiter westlich. Woher das wohl kommen mag?

AutorInnen-Biographien

Tom Appleton, 53, geboren in Berlin, mit Wiener Wurzeln mütterlicherseits, Kindheit in Teheran, Gymnasium und Uni in Westdeutschland, in den Siebziger- und Achtzigerjahren Journalist, Übersetzer, Performance Poet, Theaterproduzent in Neuseeland. Nach einem Jahrzehnt in Wien jetzt in der österreichischen Toscana, aber immer noch hinter einem Computer angesiedelt.

Erhard Busek, geboren 1941, Dr. jur.; verschiedene politische Positionen für die ÖVP, u.a. Vizebürgermeister in Wien, Generalsekretär (1975-76), Parteiobmann (1991-1995); Nationalratsabgeordneter; Bundesminister für Wissenschaft und Forschung (1989-1994), Bundesminister für Unterricht und kulturelle Angelegenheiten (1994-1995), Vizekanzler der Republik Österreich (1991-1995); seit 2000 Regierungsbeauftragter für EU-Osterweiterung. Vorsitzender des Instituts für den Donauraum und Mitteleuropa.

Barbara Coudenhove-Kalergi, geboren 1932 in Prag. Journalistin bei *Die Presse, Neues Österreich, Kurier* und *Arbeiter-Zeitung*, später beim ORF, wo sie sich als Reporterin und Kommentatorin der politischen Ereignisse in Osteuropa, insbesondere in Polen und der ehemaligen CSSR, einen Namen machte. Danach Moderatorin der ORF-„Wochenschau" und Kommentatorin in *Die Presse*.

Adriana Czernin, geboren 1969 in Sofia, Bulgarien. Seit 1990 in Österreich. Lebt als freischaffende Künstlerin in Wien und in der Steiermark.

Ioan Holender, geboren 1935 in Timisoara/Rumänien. Nach der Matura Maschinenbau-Studium, Hochschulausschluss wegen der Teilnahme an Studentenbewegungen. Seit 1959 in Österreich, Gesangsstudium am Konservatorium der Stadt Wien. Tätigkeit als Opern- und Konzertsänger, danach

Künstleragentur. 1988 Generalsekretär, ab 1992 Direktor der Wiener Staats- und Volksoper, voraussichtlich bis 2007 der Wiener Staatsoper.
Daneben Lehrauftrag am Institut für Theater-, Film- und Medienwissenschaft an der Universität Wien. Ioan Holender lebt in Wien.

Hikmet Kayahan, geboren 1966 in der Türkei, Schulbesuch in Hannover; 1983 Re-Migration in die Türkei; Studium der Germanistik und Pädagogik; lebt und arbeitet seit 1989 in Wien. Leiter des Jugendbildungszentrums Wien, Kurator des Wiener Integrationsfonds, Sprecher der Initiativgruppe TschuschenPower, Herausgeber der Jugendzeitschrift TOP ONE; Literarischer Übersetzer (Deutsch – Türkisch), u.a. Georg Trakl, Ingeborg Bachmann, Anna Seghers, Rose Ausländer. Schreibt Lyrik, Prosa und Essays.

Franz Koessler, geboren 1951 in Südtirol, Studium der Philosophie in Frankfurt am Main und Florenz. Arbeitete als Journalist in Rom, als ORF-Korrespondent in London, Washington und Moskau und als Chefredakteur der ORF/Zeit im Bild in Wien. Leitet zur Zeit das Europa-Journal im Radioprogramm Ö1.

Verena Krausneker, geboren 1973, Soziolinguistin: Sprachenpolitik, Gebärdensprachenforschung, Kritische Diskursanalyse. Lebt und arbeitet derzeit in Wien.

Helene Maimann, geboren und aufgewachsen in Wien, Historikerin und Filmemacherin. Arbeitete fünfzehn Jahre im Bereich Forschungskoordination, unterrichtete Geschichte an den Universitäten Wien und Salzburg sowie an der TU Wien. Publikationen über Exil-und Widerstandsgeschichte sowie Geschichte & Medien. Mehrere Ausstellungsleitungen („Mit uns zieht die neue Zeit"; „Die Kälte des Februar"; „Der Zug der Zeit"; „Die ersten hundert Jahre"). Seit 1990 beim ORF, seit 1992 Gestaltung von TV-Dokumentationen („Uncle Sam und Bruder Wanja. Das Erbe der Befreiung Europas"; „Ein Stern fällt. Die Joseph-Schmidt-Story"; „Freuds Welt"; „Kreisky. Licht und Schatten einer Ära" mit Paul Lendvai). Redakteurin der Abteilung „Bildung und Zeitgeschehen", Leiterin der Dokumentations-Sendung „Nightwatch".

Ariel Muzicant, geboren 1952 in Haifa/Israel, lebt seit 1956 in Wien. Studium der Medizin, Promotion 1976. Nach dem Tod seines Vaters 1977 Übernahme und Leitung eines Immobilienbüros, heute einer der führenden Immobilienmakler Österreichs.
Ab 1970 in jüdischen Organisationen tätig, seit 1976 in verschiedenen Kommissionen der Israelitischen Kultusgemeinde Wien. Seit April 1998 Präsident der Israelitischen Kultusgemeinde Wien.

Peter Pakesch, geboren 1955 in Graz, 1973-1979 Studium der Architektur; 1981-1993 Galerie in Wien, Ballgasse 6, ab 1986 auch Ungargasse 27; 1986-1988 Künstlerischer Leiter des Grazer Kunstvereins, Konzeption und Redaktion der Zeitschrift *Durch;* 1990 Begründung der Zeitschrift *Fama & Fortune Bulletin* (zusammen mit Johannes Schlebrügge); 1994 Ausstellungsprojekte für die Prager Nationalgalerie im Agneskloster und in der Reithalle der Prager Burg; 1996-1998 Soros International Advisory Board; ab 1996 Direktor der Kunsthalle Basel.

Wolfgang Petritsch, Diplomat und ehemals Pressesprecher von Bruno Kreisky; seit August 1999 der Hohe Repräsentant der internationalen Gemeinschaft für Bosnien und Herzegowina. Davor EU-Sonderbeauftragter bzw. Chefverhandler für Kosovo und Österreichischer Botschafter in Belgrad. Verfasser zahlreicher Beiträge zur österreichischen und internationalen Politik; Co-Autor von „Kosovo/Kosova. Mythen-Daten-Fakten", Klagenfurt 1999; Autor von „Bruno Kreisky. Ein politischer Essay", Wien 2000, sowie des im Winter 2000/2001 erschienenen „Bosnien und Herzegowina – Fünf Jahre nach Dayton".

Madeleine Petrovic, geboren 1956, Studium Jus und BWL; Diplomdolmetsch in Englisch und Französisch; seit 1990 Abgeordnete zum Nationalrat, seit 2000 stellvertretende Klubobfrau des Grünen Parlamentklubs.

Barbara Rett, geboren 1953 in Wien, Germanistin, Romanistin, Kleinlandwirtin, Kulturjournalistin.

Thaddaeus Ropac, geboren 1960 in Klagenfurt; Schulzeit in Kärnten; 1981 Eröffnung der ersten Galerie in Lienz, Osttirol; 1983 Umzug der Galerie von Lienz und Eröffnung der Galerie in Salzburg; 1988 Eröffnung einer Büroniederlassung in New York; 1990 Eröffnung der Galerie in Paris. Thaddaeus Ropac lebt in Salzburg und Paris.

Oliver Lehmann, geboren 1964 in Wien; Journalist und Buchautor. Stationen: *taz, Falter, Merian, Stern, News*, BBC. Seit 1998 Chefredakteur des *Universum Magazin*.

Terezija Stoisits, geboren 1958 in Stinatz/Stinjaki -Burgenland; Elternsprache: Kroatisch und Deutsch, Studium an der Universität Wien (Rechtswissenschaftliche Fakultät); Abgeordnete zum Nationalrat seit November 1990 und ebendort Justiz-, Minderheiten-, Migrations- und Menschenrechtsprecherin der Grünen.

Peter Vujica, geboren 1937 in Graz, Studium der Germanistik und Anglistik sowie der Musik (Klavier, Komposition); 1963-1966 Dramaturg bei den Vereinigten Bühnen Graz; danach bis 1982 Kulturredakteur der *Kleinen Zeitung*; 1982 bis 1989 Intendant des „steirischen herbstes"; von 1989 bis 2000 Kulturressortleiter beim *Standard* in Wien. Zahlreiche Buchveröffentlichungen, zuletzt: „Bitte, blättern Sie weiter! Die besten Kolumnen aus acht Jahren ‚Standard'", Wien 2000.

Lojze Wieser, geboren 1954 in Klagenfurt/Celovec. 1972 Abschluss der Buchhandels- und Verlagslehre; 1981-1986 Leiter des Drava-Verlages; 1986 Gründung des Wieser Verlages.

Ruth Wodak, geb. 1950, o. Univ. Prof. für Angewandte Sprachwissenschaft an der Universität Wien. Forschungsschwerpunkte: Studien zum privaten und öffentlichen Diskurs in Österreich seit 1945 (u.a. zu Antisemitismus und Fremdenfeindlichkeit, Interaktion und Kommunikation von Frauen in institutionellen und öffentlichen Kontexten, Sprache und Politik). Zahlreiche Auszeichnungen. Gastprofessuren in Stanford, Minnesota, Georgetown und Uppsala. Gastforscherin an der Österreichischen Akademie der Wissenschaften und Leiterin des Wittgenstein Forschungszentrums Diskurs, Politik, Identität. Zahlreiche Buchveröffentlichungen.